조선의 방외지사 方外志士

조선의 방외지사

첫판 2쇄 펴낸날 2008. 8. 8

지은이|이수광
펴낸이|엄건용
펴낸곳|나무처럼

출판등록|제313-89-2004-000145호(2004. 8. 7)

주소|121-842 서울시 마포구 서교동 469-5 정서빌딩 405호
전화|(02)337-7253
팩스|(02)337-7230
E-mail|namubooks@naver.com

표지 및 본문 디자인| 안가현 박정은
ISBN|978-89-92877-02-2 (03900)

- 잘못된 책은 바꿔 드립니다.
- 책값은 뒤표지에 있습니다.

조선의 방외지사 方外志士

이수광 지음

나무처럼

들어가는 말

생을 갈고닦아 보석처럼 반짝이게 하다

우리 역사를 읽는 것은 그 시대를 온몸으로 부딪치며 살아온 선인들의 삶과 발자취를 더듬어 보고 오늘의 우리 삶에 투영시키기 위함이다. 몇 해 전부터 대중의 관심이 역사학자들에게 소외되었던 인물들에게 쏠리고 있다. 우리 학자들은 그동안 위인이나 영웅, 유림의 명망가들에게 관심의 초점을 맞추고 그들을 조명해 왔다. 그러나 최근에 평민들과 천민, 특히 우리 역사에서 소외되었던 아웃사이더들에게 대중의 관심이 집중되면서 시대를 뜨겁게 호흡했던 이들이 대중에게 부각되어 조선의 역사가 한결 다채롭게 다루어지고 있어서 반가운 일이 아닐 수 없다.

조선을 역동적으로 이끌어 간 주체 세력들은 누구였을까. 그것은 국왕이나 정치의 전면에 있던 사대부들이 아니었다. 사대부들, 유가儒家의 내로라하는 학자들이 조선의 지배 이데올로기를 만들고 신분사회를 고착시킨 것은 움직일 수 없는 사실이지만 이들은 정치사를 이끌었을 뿐 민중사를 이끌지는 못했다. 민중사를 이끌고 조선의 역사를 다채롭게 장식한 사람들은 서리胥吏, 의관, 첩妾, 역관, 내시와 궁녀, 상인, 장인匠人, 기술직에 종사하던 사람, 기생 등 신분적으로 천대받던 하층민들이었다. 그러나 그들은 항상 역사의 이면에 있었다. 존재하고 있었으나 드러나지 않았다.

이 책은 조선시대를 뜨겁게 호흡하면서 살았으나 주류로 편입되지 못하고 방외의 삶을 살았던 사람들 이야기다.

일례로 아전衙前이라고 불리는 서리胥吏를 보자. 조선시대 서리는 각 관청에 소속되어 실무를 담당했다. 정부의 하급공무원이라고 할 수 있는 이들은 의정부와 육조를 비롯하여 각 관청에 포진하여 고위직 공무원들 대신 모든 실무를 처결했다. 하급직 관료이되 과거를 볼 수 없는 중인들이나 몰락한 양반들이 서리가 되었다. 양반들은 과거에 합격하면 종9품의 품계를 갖지만 서리는 품계가 없었다. 관청에서 수십 년 동안 근무를 했어도 과거에 합격한 신출내기 사대부의 업무를 보조해야 했다. 이들은 하급 관리면서도 과거에 합격한 사대부의 하인 같은 존재였다. 그러나 각 관청의 실무를 담당하고 있었기 때문에 자부심은 대단했다.

첩妾은 양첩良妾, 비첩婢妾, 기첩妓妾으로 나뉜다. 조선은 일부다처제가 허용되고 있었기 때문에 조금만 행세를 하는 사람들이라면 누구나 첩을 거느렸다. 비교적 신분이 높은 양반가의 여자들이 첩이 되는 것을 양첩, 집에서 거느리는 여종을 첩으로 거느리는 것을 비첩, 기생을 첩으로 들이는 것을 기첩이라고 불렀다. 이들은 조선시대 여성 중에 다수를 차지하였는데도 주류로 역할을 하지 못했다. 유교에 의해 신분이 고착되어 아무리 억울한 일을 당해도 첩이 본처를 고발하지 못했기 때문에 핍박받고 우울한 생을 보냈다. 그러나 조선시대 우수한 문학작품들이 이들에 의해 발표된 것은 그녀들의 삶에 질곡이 많았기 때문이다.

의관들은 역관과 함께 중인 중에는 상위 그룹에 속했다. 이들은 잡과로 불리는 의과를 보아서 어의가 될 수도 있었고 국왕이나 왕족을 치료하면 그 보상으로 벼락출세하기도 했다. 그러나 신분이 비천하다는 이유로 관직에 진출하면 항상 탄핵을 받았다.

이들도 분명히 주류가 아니었다. 그러나 주류가 되기 위해 부단히 노력을 하기도 했고 주어진 여건 속에서도 자신의 생을 갈고닦아 보석처럼 반짝이게 한 사람들도 적지 않았다.

아웃사이더는 방외자들이다. 신분제도에 의해 방외자가 되었든 시대와의 불화로 방외자가 되었든 역사에 기록으로 남아 있는 사람들은 많지 않다. 특히 정사인 『조선왕조실록朝鮮王朝實錄』에는 이들을 하찮게 여기는 기록이 많다. 실록이 사대부들에 의해 기록되었기 때문에 기록이 일천할 수밖에 없다. 그러나 때때로 시대를 앞서 가는 고인古人들이 간간이 전傳을 남겨

이들의 행적을 찾아볼 수 있게 했다. 『무예도보통지武藝圖譜通志』에 소개되고 있는 백동수 같은 인물은 무인이라는 이유로 행적이 잘 나타나지 않고 있다. 박지원이나 이덕무의 문집에 간간이 소개되지 않았다면 조선의 진정한 무인은 역사 속에 묻혀 존재를 찾을 수 없었을 것이다.

장인匠人들은 어떤가. 사대부들이 중국에 사대하느라고 대궐의 기와를 푸른색이나 잿빛으로 하고 황금색 기와를 만드는 것을 금지하고 있을 때 역관 방의남은 중국에 가서 청기와와 황기와 만드는 것을 배워 왔다. 경회루나 근정전이 청기와였다는 사실을 아는 사람은 얼마나 되는가. 청와대라는 명칭 역시 중국에 사대하던 잔재다. 이러한 잔재를 청산하려면 청와대가 아니라 황와대가 되어야 한다. 일찍이 광해군은 근정전을 황와로 바꾸려다가 인조반정이 일어나는 바람에 실패했다.

바다는 한 방울의 물이 모여 시내가 되고, 시내가 흘러 강이 되고, 강물이 모여 이루어진 것이다. 보잘것없는 천민들이라고 해도 하나하나 모이면 민중이 되고 주체가 된다. 이 책 『조선의 방외지사』는 이름이 없는 민중 속에서 그나마 간신히 행적을 찾을 수 있는 방외인들을 다시 조명한 것이다. 독자들이 이들을 통해 조선시대 민중의 삶을 살필 수 있기를 바란다.

차례

제1화

아전
조선을 이끌어 간 실질 관리

아전衙前은 관아에 속하여 말단 행정 실무에 종사하던 벼슬아치를 말한다. 연리掾吏, 이서吏胥, 인리人吏, 하리下吏, 하전下典, 서리胥吏라고 부르기도 했다. 중앙 관서의 아전을 경아전京衙前, 지방 관서의 아전을 외아전外衙前이라고 부른다. 의정부와 6조의 당상관들은 걸핏하면 관직이 바뀌지만 중앙 관서에서 봉직하는 아전들은 좀처럼 바뀌지 않았다. 아전들이 각 관아의 주인이고 당상관인 판서, 참판, 참의 등은 객이나 다를 바 없었다. 그러므로 아전으로 취직하려면 오랫동안 순서를 기다려야 했다.

김수팽

왕명에도 굴복하지 않았던 호조 아전

중앙 관서의 아전이 되면 지금의 중산층 정도의 생활을 할 수 있다. 예나 지금이나 공무원들은 취업을 하려는 사람들에게는 선망의 대상이 된다. 그러나 이들이 나라에서 녹봉을 넉넉하게 받아서 중류층의 생활을 할 수 있는 것은 아니다. 조선시대의 녹봉은 고위직이라도 박하기 짝이 없어 부정과 비리가 저질러지고는 했다. 아전들은 녹봉이 더욱 작았기 때문에 비리의 온상이 되고는 했다. 중앙 관서의 장이 바뀔 때 물러가는 장이 그동안 수고했다고 수백 냥의 당참전堂參錢을 내놓는 것은 관례가 되어 있었고 뇌물도 적지 않았다. 그러나 백성을 위하여 봉사한다는 자부심으로 청렴하게 사는 아전들도 적지 않았다.

영조 때 호조에 김수팽金壽彭이라는 인물이 있었다. 그는 어려서부터 기개가 뛰어나고 장부다운 절조가 있었다. 이는 그의 어머니의 엄격한 교육에 의한 것이었다. 김수팽의 어머니는 어느 날 아궁이를 뒤적거리다가 돈꾸러미를 발견했다. 그녀는 가난한 살림에 뜻하지 않은 돈이 생기면 남편과 아들들이 방탕해질 것을 우려하여 돈을 다시 묻었다.

김수팽은 호조의 서리가 되자 스스로 검약하고 청렴하게 살겠다고 결심했다. 그는 아우를 선혜청宣惠廳 서리로 취직하게 한 뒤에 역시 백성을 위하여 청렴하게 살라고 권했다. 김수팽이 아우에게 이렇게 권한 것은 호조나 선혜청이 막대한 이권이 있는 관청이었기 때문에 비리와 관련되어 처벌받는 서리들이 많은 탓이었다. 김수팽의 아우는 형님의 충고를 잊지 않겠다고 맹세했다. 그들 형제는 비록 서리였으나 맡은 일을 충실하게 했기 때문에 많은 사람의 신망을 얻었다.

김수팽이 하루는 아우의 집을 방문하자 마당에 동이가 줄지어 놓여 있고 울긋불긋한 염료가 여기저기 묻어 있었다.

"아우, 이게 무엇인가?"

김수팽이 눈살을 찌푸리면서 동생에게 물었다.

"형님, 제 처가 정염업靘艶業을 하고 있습니다."

김수팽의 아우가 공손히 대답했다. 정염업은 염색업을 말하는 것으로, 부인이 부업으로 하고 있었다.

"우리는 관청의 서리로 녹을 받아서 충분히 먹고살고 있다. 그런데 부귀를 얻기 위해 이런 짓을 하면 가난한 사람들은 무엇을 해서 먹고살라는 것이냐?"

김수팽은 아우를 크게 꾸짖고 동이에 있는 염료를 모두 엎어 버렸다. 동이에 가득했던 염료가 도랑을 이루고 흘러갔다. 김수팽의 동생과 부인의 얼굴이 사색이 되었으나 진노한 김수팽의 부리부리한 눈을 보자 감히 항변을 할 수 없었다.

김수팽이 어느 날 공문서를 가지고 결재를 받으러 호조판서의

조선의 선비들은 산천을 벗 삼아 바둑 두기를 즐기곤 했다. 작품명은 〈송하위기(松下圍碁)〉, 프랑스 기메동양 박물관 소장.

집으로 갔다. 그런데 판서는 결재할 생각은 하지 않고 손님과 바둑에 열중하고 있었다.

'긴급한 일인데 결재를 하지 않으니 어떻게 하라는 말인가?'

김수팽은 은근하게 분노가 일어났다. 호조에서 결재만을 기다리고 있는 다른 부서 서리들의 얼굴이 떠올랐다. 판서가 결재해야 녹미祿米, 녹봉으로 주던 쌀를 지급할 수가 있다. 김수팽은 다시 한 번 결재를 받으러 왔다고 공손하게 아뢰었다. 판서는 이번에도 고개만 끄덕거릴 뿐 바둑판만 심각하게 들여다보고 있었다. 대국이 잘 풀리지 않는지 얼굴에 초조한 기색이 역력했다. 김수팽은 대청에 올라가 바둑판을 쓸어버리고 마당에 내려와 털썩 무릎을 꿇었다.

"이놈! 네놈이 죽으려고 환장했느냐?"

판서가 눈에서 불을 뿜으면서 호통을 쳤다. 판서댁의 겸인傔人, 청지기들과 종들도 대경실색했다. 판서와 바둑을 두던 점잖은 선비는 낭패한 얼굴로 김수팽에게 손가락질을 했다.

"대감, 소인이 죽을 죄를 지었습니다. 하오나 이 일은 시급을 다투는 일이니 결재를 미루시면 안 됩니다."

김수팽은 눈썹도 까닥하지 않고 판서를 쳐다보면서 말했다.

"고얀 놈이로다!"

김수팽의 말에 판서가 비로소 마땅치 않다는 표정으로 문서를 살폈다. 판서는 문서를 다 읽고 나서 수결手決을 했다.

"속히 가지고 가거라."

판서는 김수팽에게 벌을 내리지 않고 문서를 내주었다. 판서의 결재를 받은 김수팽은 서류를 가지고 호조로 돌아와 일 처리를 모두 마쳤다. 그러나 판서의 바둑판을 쓸어버린 일이 마음에 걸렸다. 이튿날 아침, 김수팽은 판서가 호조에 등청하자 사직서를 써서 제출했다.

"이는 너의 잘못이 아니니다. 사직하지 말고 직분을 다하라."

판서는 손을 내저으면서 김수팽의 사직서를 도로 내주었다. 김수팽이 판서의 바둑판을 쓸어버린 일은 경아전들에게 바람처럼 퍼졌다. 각 부서에 소속되어 있는 경아전들은 김수팽이 서리의 자존심을 세웠다고 하기도 하고 언젠가는 크게 다칠 것이라고 우려하기도 했다.

하루는 김수팽이 호조에서 숙직하고 있는데 대전 내관이 허겁지겁 달려와서 왕명이니 호조의 돈 10만 금을 내달라고 요구했다. 시간은 벌써 밤 4고가 되어 있었다. 김수팽은 숙직하는 아전들의 책임자였으나 한밤중에 10만 금의 큰돈을 내줄 수가 없었다. 호조의 돈은 밤중에 출납하는 것이 엄중하게 금지되어 있었다.

"밤중에 이리 큰돈을 내줄 수가 없습니다."

김수팽은 당연하게 거절했다.

"이놈아, 네놈이 왕명을 거역한다는 말이냐?"

대전 내관이 김수팽에게 눈알을 부라리면서 호통을 쳤다. 대전 내관은 내시부에서 가장 높은 인물로 임금의 측근 중의 측근이다. 함께 당직을 하던 호조의 서리와 하례下隷들이 벌벌 떨었다.

"이는 판서 대감의 결재가 있어야 합니다. 소인이 마음대로 내줄 수가 없습니다."

대전 내관이 펄펄 뛰고 있는데도 김수팽은 완강하게 거절했다.

"이놈아, 판서 대감의 결재가 왕명보다 더하다는 것이냐?"

"서리가 어찌 10만 금을 마음대로 내줄 수 있다는 말이오? 판서 대감의 결재가 없으면 안 됩니다."

김수팽과 대전 내관은 호조 앞에서 팽팽하게 맞섰다. 대전 내관이나 서리는 품계에서 확연히 차이가 난다. 대전 내관은 임금의 특지로 정3품 당상관 이상이 될 때도 있지만 대부분 정4품 당하관이다. 그러나 서리는 품계조차 없으니 하늘과 땅 차이이다. 서리書吏만이 종8품에서 9품까지 품계를 받는다.

"그러면 속히 가서 판서 대감의 결재를 받아 오너라."

김수팽이 완강하게 버티자 대전 내관이 마지못하여 한발 물러섰다. 김수팽은 황소걸음으로 느릿느릿 걸어서 판서의 집에 가서 결재를 받아 호조로 돌아와 10만 금을 내주었다. 그때는 이미 날이 훤하게 밝아 있었다. 호조의 규정대로 밤중에 출납하지 않고 날이 밝은 뒤에 출납하게 된 것이다. 그러나 대전 내관은 일이 지체된 것을 영조에게 고하고 왕명을 업신여긴 호조의 서리를 사형에 처해야 한다고 아뢰었다.

"그 서리 이름이 무엇이냐?"

영조가 대전 내관을 살피면서 물었다. 영조는 조선의 임금 중에서 가장 뛰어난 임금 중의 한 사람이다. 노론의 도움으로 왕이 되었지만 그들이 조정을 장악하자 탕평책을 실시하여 견제하기도 했다.

영조 어진. 어진이란 임금의 초상화로, 51세 때(1744년)의 모습이다. 화재로 소실된 것을 1900년에 조석진 등이 다시 그렸다. 보물 932호, 고궁박물관 소장.

"김수팽이라는 자입니다."

대전 내관이 고개를 숙이고 아뢰었다.

"호조 서리가 무슨 잘못을 하였느냐?"

영조의 하문에 대전 내관은 김수팽이 일부러 돈을 내주지 않고 판서의 집으로 황소걸음으로 느릿느릿 걸어가서 결재를 받아 오는 바람에 날이 밝아서야 왕명을 집행한 사실을 아뢰었다.

"하하하! 호조의 서리가 직무를 충실히 한 것이다. 어찌 그에게 죄를 물을 수 있겠느냐?"

대전 내관으로부터 자초지종을 들은 영조는 호탕하게 웃으면서 김수팽의 근무 자세를 가상하게 여기고 칭찬했다.

김수팽의 딸이 궁녀로 선발되었다. 김수팽은 지엄한 대궐에서 하는 일이라는 주위의 만류에도 불구하고 대궐에 들어가 신문고를 두드렸다. 영조가 북소리를 듣고 김수팽을 어전으로 불렀다.

"네 어찌 북을 쳤는고?"

영조가 어전에 꿇어 엎드린 김수팽에게 물었다.

"소인은 호조의 서리 김수팽입니다."

김수팽은 어전에서도 당당하게 아뢰었다.

"네가 호조의 서리라고? 대체 무슨 일로 북을 쳤느냐?"

"신의 딸이 궁녀로 선발되었기에 감히 아뢰옵니다. 궁녀는 액정서掖庭署, 내시부에 속하여 왕명을 전달하며, 궁궐 관리를 맡아보던 관아에서 선발하고, 민간에서 처녀를 선발하는 것은 폐해가 많으니 법으로 금지하소서. 감히 청원을 드립니다."

김수팽은 영조 앞에서도 목소리를 낮추지 않고 궁녀 선발의 민폐를 조목조목 아뢰었다.

"네 뜻대로 하겠다."

영조는 김수팽의 청원을 쾌히 들어주었다. 이는 영조가 지난날 대전 내관으로부터 김수팽의 인물됨을 들어서 알고 있었기 때문이었다.

…찬하노라. 그 사람을 머릿속에 떠올려 보면 가풍이 있었으며 공손한 마음으로 사람들을 가까이하였다….

조희룡趙熙龍이 『호산외기壺山外記』에 「김수팽전傳」을 기록하면서 남긴 칭송이다. 조선시대 아전들은 비리의 온상이었기 때문에 조희룡이 극찬한 것이다. 김수팽 같은 인물은 오늘의 공무원들도 본받아야 할 것이다.

홍동석
사약을 두려워하지 않은 선혜청 아전

홍동석洪東錫은 선혜청의 아전으로 호조판서 조태채趙泰采의 시중을 들었다. 조태채는 숙종 12년(1686)에 별시문과에 종형 태구와 함께 병과로 급제하여 여러 청직을 두루 역임한 뒤에 호조판서와 좌의정을 거쳐 판중추부사에 이른 인물이다. 홍동석은 선혜청 아전으로 소속되어 있었으나 판중추부에서 계속 조태채를 수행했다. 조태채는 조정 안에 공론이 땅에 떨어지는 실정을 크게 개탄하고 백성의 사활은 고을 수령의 현부賢否에 달렸다고 주장했다. 홍동석은 조태채의 식견에 감복하여 그의 시중을 드는 것을 기쁘게 생각했다. 조태채는 수령의 어질고 탐오한 것을 가리고 백성의 질고를 살피며, 진휼 상황을 감독하는 어사御史를 파견하는 것이 중요하다고 숙종에게 아뢰어 관철시켰다.

홍동석은 조태채로부터 국가의 녹을 받는 자들이 어떠해야 하는지를 배웠다.

경종이 즉위하자 정국은 노론과 소론으로 갈라져 치열하게 대립했다.

경종은 장희빈의 아들이다. 숙종 때 장희빈이 사사되었기 때문에 경종을 배척하는 노론과 영조를 배척하는 소론이 일촉즉발의 결전을 벼루고 있었다. 먼저 칼을 뽑아 든 쪽은 노론이었다. 노론은 경종이 후사가 없이 병을 앓는 틈을 타서 영조를 세제世弟, 왕위를 이어받을 왕의 아우로 책봉하고 대리청정을 하려는 계획을 세웠다.

정언 이정소가 하루빨리 세자를 결정해야 한다는 건저상소建儲上疏를 올렸다.

"지금 우리 전하께서는 춘추가 한창이신데도 아직껏 후사가 없으시니 다만 중외의 신민만이 근심스럽게 걱정하고 탄식하는 것이 아닙니다. 바야흐로 국세는 위태롭고 인심은 흩어져 있으니, 더욱 마땅히 나라의 대본을 생각하고 종사의 지계至計를 꾀해야 할 것인데도 대신들은 저사儲嗣를 세울 것을 청하는 일이 없으니, 신은 이를 개탄하는 바입니다. 바라건대 전하께서는 빨리 이 일을 자성慈聖께 상품上稟하시고 대신들에게 의논케 하시는 것이 바로 사직의 대책을 정하는 것이며, 억조 신민의 큰 소망을 이루는 일이 될 것입니다."

"대신들과 의논하여 아뢰라."

경종이 영을 내렸다. 이에 영의정 김창집, 판부사 이이명, 좌의정 이건명, 호조판서 민진원과 함께 조태채는 경종 1년(1721) 연잉군延礽君, 훗날의 영조을 세제로 책봉해야 한다고 건의했다. 연잉군은 세제로 책봉되고 병약한 경종을 대신하여 대리청정까지 하게 되었다.

"나라에서 저사를 세우는 일이 얼마나 중대한 일인데, 현임 대신으로 한강 밖에 있었던 사람마저 까마득히 알지 못하였고 전임 대신으로 처음에 불러서 나가지 않은 사람은 재차 부르지도 않고서 졸속으로 처리하였으니 신은 이것이 무슨 거조擧條, 신하가 임금께 조목조목 들어 아뢰던 조항인지 알지 못하겠습니다. 생각건대, 전하의 보산寶算, 임금의 나이이 한창 젊으시고 중전께서도 나이 겨우 계년笄年, 15세을 넘으셨으니 조만간 원손을 낳으실 수 있을 것입니다. 그런데도 세제를 세우는 것이 정녕 무슨 뜻입니까?"

소론인 우의정 조태구의 지휘를 받은 사직 유봉휘柳鳳輝의 건저를 반대하는 상소가 올라오면서 조정은 물 끓듯 했다. 소론인 좌참찬 최석항은 대리청정 환수를 요청하는 상소를 올렸다. 우의정 조태구가 이에 가담하여 노론과 소론의 치열한 대립이 격화되는 가운데 대리청정이 철회되고 건저를 주장하였던 노론 세력이 일시에 몰락하게 되었다.

전 승지 김일경이 올린 노론 4대신四大臣 축출의 상소가 승정원에서 채택되면서 정국은 소용돌이를 쳤다. 경종은 병을 앓으면서 고통스러운 나날을 보내다가 대신들이 왕세제 책봉과 대리청정을 요청하자 어쩔 수 없이 수락했을 뿐이었다. 그러나 자신의 위치를 위협하는 노론 대신들이 탐탁하지 않았다. 그때 노론을 비난하는 상소가 올라오자 구원을 받은 것이나 다를 바 없었다. 그는 세제 책봉은 취소할 수 없었으나 대리청정을 재빨리 환수했다. 노론의 대신들이 김일경 등을 처벌하고 탄압을 받고 있는 우의정 조태구가 경종을 알현하지 못하도록 필사적으로 막았으나 조태구는 죽음을 무릅쓰고 비밀리에 대궐로 잠입했다. 조태구는 입궐하자 심

죄인에게 주리를 트는 형벌을 가하는 장면으로, 조선 19세기 말 김준근이 그렸다. 김준근은 19세기 말 풍속도를 1,000여 점 이상 남겼다. 프랑스 기메동양박물관 소장.

약한 경종을 움직여 대리청정을 환수하고 노론의 대신들을 역모로 몰았다. 결국, 소론이 정권을 잡고 노론인 조태채는 진도로 유배되었다.

'어찌 사촌이 싸운다는 말인가?'

홍동석은 당파 싸움으로 조태채가 관직에서 추방되어 진도로 유배를 가게 되자 탄식했다. 우의정 조태구와 조태채는 사촌지간이었다. 사헌부는 조태채가 진도로 유배 가는 것에 만족하지 않았다. 그들은 조태채를 극형에 처해야 한다는 합사闔司, 임금에게 극간할 때에 사헌부와 사간원의 모든 벼슬아치가 나가던 일를 준비하면서 이를 아전인 홍동석에게 쓰게 했다.

"나는 조태채 대감을 상전으로 모신 사람입니다. 내가 모셨던 사람에게 어찌 벌을 주라는 합사를 쓸 수 있겠습니까?"

홍동석은 서슬이 퍼런 사헌부 관리들의 영을 거절했다. 노론이 물러나면서 사정의 칼을 쥔 사헌부도 소론이 장악하게 된 것이다.

"네가 한낱 아전으로 사헌부의 영을 거절할 셈이냐?"

사헌부 관리들이 홍동석을 매섭게 다그쳤다. 당파 싸움은 상대방을 죽이지 않으면 내가 죽는다. 조태구는 노론을 치면서 조태채도 제거할 계획이었다.

"옳지 않은 것은 죽어도 할 수 없습니다."

"저놈에게 형장을 쳐라!"

사헌부 관리들이 홍동석을 가혹하게 고문했으나 그는 피투성이가 되면서도 끝내 거절했다. 사헌부 관리들은 홍동석을 지독한 놈이라고 비난하면서 다른 아전에게 대필하게 했다. 조태채는 소론의 탄핵을 받아 섬으로 귀양을 가고 홍동석은 석방되었다. 홍동석은 사헌부에서 풀려나자 진도로 귀양을 가는 조태채를 따라갔다. 소론은 노론에 대한 탄압을 더욱 가혹하게 하여 조태채를 사사賜死하라는 영이 내렸다. 조태채의 아들 조희헌이 의금부 도사 일행을 따라갔으나 관원들보다 빨리 갈 수 없었다. 그는 다급하여 자신이 도착할 때까지 사형을 연기해 달라고 금부도사에게 파발을 띄웠다.

"죄인의 아들이 오고 있다는 연락이 왔습니다. 부디 부자 상봉을 마친 뒤에 사약을 받들게 하십시오."

홍동석은 사약을 가지고 온 의금부 도사에게 사정했다.

"지엄한 왕명을 받드는데 어찌 한시라도 지체할 수 있단 말이냐? 물러서라."

금부도사는 홍동석의 말에 아랑곳하지 않고 조태채에게 사약을 마실 것을 재촉했다. 그러자 홍동석이 사약 그릇을 발로 차서 엎어 버렸다. 주위에 있던 사람들의 얼굴이 하얗게 변했으나 한양에 다시 사람을 보내 사약을 받아 오는 수밖에 없었다. 그러는 동안 한 달이 걸렸고 조회헌이 진도에 도착하여 간신히 부자 상봉을 할 수 있었다.

"너는 동석을 친형제처럼 생각하라."

조태채는 아들 조회헌에게 그렇게 당부했다.

"아버님, 명심하겠습니다."

조회헌은 조태채의 유언을 받들었다. 집안일에 대해 조회헌에게 여러 가지 당부를 한 조태채는 결국 사약을 받고 죽었다.

노론을 몰락하게 하였던 신임사화辛壬士禍, 1721는 불과 3년밖에 안 되어 영조가 즉위하면서 또 한 번 소용돌이를 일으키게 되었다. 이번에는 영조를 반대했던 묵호룡과 김일경 같은 소론의 대신들이 대거 탄핵을 받아 사사되거나 귀양을 갔다. 건저 문제와 관련하여 억울하게 죽임을 당하거나 귀양을 갔던 노론의 대신들은 모두 복권이 되었다.

홍동석은 다시 선혜청의 서리가 되었고, 대대로 자손들이 서리직을 이어받았다. 조태채의 일가와도 왕래하면서 친밀하게 지냈다.

홍동석은 비록 하찮은 아전이지만 자신의 상전이었던 조태채에게 의리를 지켰다. 권력을 좇는 것이 인간들의 속성이라고 보았을 때 그는 찬물 속의 한 줄기 햇살과 같은 인물이라고 할 수 있을 것이다.

김수팽은 하찮은 아전이지만 상전을 위해 국가의 녹을 받는 것이 아니라 백성을 위해 녹을 받는다는 공직자 본연의 임무에 충실했고, 홍동석은 권력이 바뀔 때 자신의 상전에게 해코지하지 않고 끝내 의리를 지켰다. 그러나 하급 관리인 아전들 대부분은 권력을 좇았다. 상사에게 잘 보이려 하고 뇌물을 그러모았다. 백성에게는 호랑이보다 더 무서운 것이 이들 아전이었다.

정막개

출세를 위해 역모를 고변한 아전

정막개鄭莫介는 연산군 때 중궁전 별감을 지냈으나 중종반정이 일어나자 해직되어 한량이 되었다. 그는 반정공신 성희안의 집에서 구사丘史, 수행 하인 노릇을 하다가 의정부의 아전이 되었다. 의정부는 영의정, 좌의정, 우의정이 정사를 보는 권력의 핵심기관이다. 정막개는 정승들의 시중을 들고 각종 문서를 처결하면서 능란한 수완을 보였다. 그는 화술이 뛰어나고 간교하여 권력이 어떻게 움직이는지 파악했다.

아전은 평생 하급 관리 신세를 면치 못한다. 아전이 출세하는 길은 의과나 역과 같은 잡과에 합격하는 것이지만 그것은 하늘의 별을 따는 것처럼 어려운 일이다. 정막개는 자신처럼 하급 관리도 역모만 고변告變, 반역 행위를 고발함하면 출세를 할 수 있다는 사실을 알게 되자 그러한 기회가 오기만을 기다렸다.

박영문은 정국공신靖國功臣으로 문무를 겸비하여 생원시生員試에 합격했으나 무과로 진출했다. 연산군 말년에 박원종, 성희안, 유순정 등이 중종반정을 일으킬 때 군기시軍器寺 첨정僉正으로서 군자시軍資寺 부정副正 신윤무, 사복시司僕寺 첨정 홍경주 등과 더불어 군대 동원의 책임을 져 거사를 성공시켰다. 그 공로로 함양군에 책봉되고 여러 벼슬을 전전하고서 공조참판까지 되었으나 대간臺諫, 대관과 간관을 아울러 이르는 말들의 탄핵을 받아 불만이 많았다. 신윤무도 공조판서와 병조판서까지 이르렀으나 역시 대간들의 탄핵을 받고 물러나게 되자 조정에 대한 불만을 토로하게 되었다.

박영문과 신윤무가 항상 불만을 갖고 있다는 사실을 알게 된 정막개는 그들에게 접근했다. 어느 날 그는 빚을 받으러 아는 사람을 만나러 갔다가 돌아오는 길에 신윤무의 집을 지나게 되었다. 그는 신윤무의 집 앞에 종들이 있고 대문이 열려 있자 몰래 안으로 들어가 신윤무와 박영문이 이야기하는 것을 엿들었다. 박영문과 신윤무는 거침없이 조정 대신들을 비난하고 심지어는 임금까지 원망했다. 그들의 골자는 자신들이 반정에 가장 공이 큰데도 문신인 대간들이 탄핵하여 벼슬에서 쫓겨났다는 것이다. 정막개는 바짝 긴장하여 두 사람의 이야기에 귀를 기울였다. 박영문은 신윤무에게 조정의 문신들을 비난하면서 여차하면 조정을 개혁하자고 부추겼다.

'이 작자들이 조정을 비난하고 있구나.'

정막개는 박영문과 신윤무의 난언亂言을 듣자 기회가 왔다고 판단하고 즉시 승정원에 달려가서 이를 고변했다. 정막개는 박영문과 신윤무가 영산군寧山君, 성종의 13번째 아들을 보위에 옹립하려 한다고 하여 중종을 경악하게 했다. 중종은 경연經筵까지 중지시키고 도승지 이사균에게 지시하여 정막개를 비밀히 불러 역모에 대해서 자세한 고발을 받으라고 말했다.

"신이 이달 13일에 명례방의 전 병조판서 신윤무의 집 앞길을 지나게 되었습니다. 신이 전에 신 판서를 뵈었기 때문에 들어가 뵈려고 하였으나, 이 집에 있는지 다른 집에 있는지를 알 수 없어 대문 앞에 서서 살펴보았는데, 그때 밤이 이미 인정 때였습니다. 문 앞에 말 한 필과 종 네 사람이 있는데, 세 사람은 누워서 자고 한 사람은 말고삐를 잡고 앉아서 졸고 있기에, 신이 이 종에게 '손님이 왔느냐' 고 물으니 '박영문이 왔다' 고 대답하였습니다. 그들 몰래 들어가서 사랑 앞에 이르니 창문을 닫고 등불을 밝혔는데, 누군가와 함께 말하는 소리가 들렸습니다. 다가서서 말하는 것을 들어 보니 대간들을 비난하는 말이었습니다. 처음에는 자세히 듣지 못했으나 다시 생각해 보니 손님이 왔다면 반드시 서쪽 창문을 열어 놓았을 것이므로 서쪽으로 가서 뵈려고 하였는데, 서쪽 창문도 닫혔습니다. 그래서 서 있노라니 박영문의 말인 듯한데 이렇게 말하였습니다.

'대간은 반드시 문신을 임명하는데 이것이 어찌 정해진 법이겠는가! 『대전속록大典續錄』 같은 것도 고칠 수 있는 것이니, 한 번 세우기만 하면 곧 법이 된다. 사헌부의 6원員 중에서 3원은 문신으로 하고, 3원은 무신으로 섞어서 차임差任하면, 문신을 논의할 때에는 무신이 참여하여 말할 수 있고, 무신을 논의할 때에도 무신이 불가한 것을 말할 수 있어서 무신이 좌절당하지 않을 것이다.'

그러나, 윤무는 답하지 아니하고, 영문이 또 말하기를,

'우리가 어느 문신을 죽였는가? 다만 거의 죽게 된 문신을 구제하였을 뿐인데, 어찌하여 병조판서를 논박하여 갈기까지 하는가? 송일이 정승에 임명될 때에, 우리 생각에는 반드시 홍경주가 될 것이라고 여기고 송일 따위에게는 의논이 미치지도 않았는데, 송일은 상복 벗은 지 열흘도 못 되어 곧 이조판서에 제수되고, 또 한 달도 못 되어 정승에 올랐다. 정광필은 또한 무슨 공이 있는가?'

하니, 윤무가 답하기를,

'광필도 일찍이 논박論駁을 받았다.'

하였습니다. 영문이 말하기를,

'만약 오래 논박하였다면 위에서 어찌 들어주지 않았겠는가! 겨우 며칠 논박하다가 말았으니, 이는 남의 일을 막기 위한 것에 지나지 않는다.'

하고, 또 말하기를,

'다만, 한 가지 유감스러운 것은 처음 판서에 제수되었을 때에는 문신 재상으로부터 아래로 하리下吏까지 사람들이 다투어 찾아와 인사하더니, 벼슬에서 물러나자 한 사람도 보러 오는 사람이 없었으니 이것이 섭섭하다.'

하니, 영문이 말하기를,

'그것이 세상인심이다. 사람이 권세를 얻으면 친구들이 몰려오다가도 권세를 잃으면 친한 친구라도 보러 오지 않는다. 반정을 해야 한다.'

하고 소곤거렸습니다. 신이 이 말을 듣고 머리털이 치솟고 다리가 떨리고 소름이 끼쳐서 왜 여기 들어왔으며 어떻게 해야 빠져나갈 수 있을지 스스로 후회하였습니다. 이어 들으니, 윤무가 글을 읊어 대꾸했는데, 그 뜻을 알지 못했습니다. 영문이 말하기를,

'만약 나에게 이 자리에서 죽으라고 한다면 죽겠다.'

하니 윤무가 맹세하기를,

'이름을 떨치지 못하고 내가 죽게 되더라도 어찌 차마 그대의 말을 누설하겠으며 자네 역시 어찌 차마 내 말을 누설하겠는가! 박원종 집에서 맹세하였기 때문에 그대가 나에게 말하고 나도 그대에게 말했다. 다만, 당장 거사하면 대사를 이루지 못할까 염려되니 다른 사람들과 약속은 할 수 없지만 조정에 있는 동맹들에게 약간 뜻만 비쳐 두고 뒷날 행행行幸, 임금이 대궐 밖으로 거동함 때에 거사하는 것이 어떠할까?'

하니, 영문이 답하기를,

'공의 말이 역시 옳다. 다만, 이 같은 일은 마음먹었을 때 곧 하는 것이 좋고 오래 끌면 반드시 사단이 생긴다. 우리가 쉽게 알 수 있는 일이 있으니, 배릉拜陵 또는 그 밖의 행행 때라면 우리 중에 혹 참예參詣하지 않을 사람이 있겠으나 사냥 때에는 무신들을 써야

하므로 우리가 다 갈 것이다.'

하였습니다. 윤무가 말하기를,

'대궐을 나설 때 거사를 할 것인가?'

하니, 영문이 답하기를,

'입장할 때 선전관이 먼저 들어갈 터이니, 이때 하는 것이 좋을 것이고 돌아올 적에 두 정승을 치고 다음에 병조판서를 친다.'

하였습니다. 윤무가 말하기를,

'그대의 말이 과연 옳다. 다만 우의정이 신병으로 집에 있으니, 필연코 가서 참예하지 않을 것이다.'

하니, 영문이 대꾸하기를,

'그렇다. 역시 사람을 보내서 제거해야 한다. 이때 문신들이 우리에게 붙으려고 하더라도 허락하지 말고 단지 무신들하고만 일을 해야 한다.'

하였습니다. 윤무가 말하기를,

'그렇다면 누구를 임금으로 추대할 것인가?'

'왕자군들 중에서 영산군寧山君이 성종과 닮은 면이 있다. 영산군은 활쏘기와 말 타기를 잘하여 무재武才를 좋아하고 사냥하기를 좋아하니 이 사람을 받들고 돌아와야 한다. 홍경주는 곧 내친內親이어서 일을 의논할 수는 없으나 이 사람을 영의정으로, 그대를 좌의정으로 삼고 내가 우의정을 맡고, 민회발은 곧 사장射場에서 병조판서로 삼아 군사를 거느리고 돌아오도록 해야 한다.'

하였습니다. 신이 듣건대, 말이 대가大駕, 임금에 관계되므로 더욱 놀랍고 두려워서 어떻게 빠져나갈 것인지 생각하다가, 곧 신을 벗어 소매에 넣고 맨발로 나와서 집에 돌아가는데 다리가 떨렸습니다."

중종 8년의 일이었다. 중종은 즉시 박영문과 신윤무를 잡아들여 친국親鞠, 임금이 중죄인을 몸소 신문하던 일을 하기 시작했다. 박영문과 신윤무의 역모 사건이 발각되면서 조정은 발칵 뒤집혔다. 박영문과 신윤무는 처음에는 완강하게 부인했으나 형장까지 때리면서 신문을 하자 마침내 자복自服, 저지른 죄를 자백하고 복종함을 하고 말았다.

박영문과 신윤무는 모두 능지처사凌遲處死, 대역 죄인에게 내린 형벌, 죄인을 죽인 뒤에 시체를 머리, 양팔, 양다리, 몸통 등 여섯 부분으로 잘랐던 극형를 당해 죽고 아들들은 교수형에 처해졌다.

정막개는 박영문과 신윤무의 집을 하사받고 정3품 함양군으로 봉군되었다. 아울러 중종으로부터 노비 15인까지 하사받았다.

> …사신史臣은 논한다. 막개는 본디 의정부의 노奴였는데, 일찍이 박영문, 신윤무 두 집의 구사丘史가 되어 매우 익히 드나들었다. 영문은 본디 성미가 사나웠으며, 조정을 원망한 지 오래더니, 16일의 사냥에 영문이 대장이 되었는데, 윤무의 집에 가서 원망하는 말을 발설한 적이 있다. 막개가 곡절을 몰래 듣고 대역죄를 꾸미려고 밤낮으로 꾀하다가 드디어 결심해서 고하였다. 옥사는 다른 증거 없이 오로지 막개의 고장告狀에 의하여 두 사람을 친국하였는데, 영문은 연달아 두 차례를 받았고, 윤무는 본

디 병약하여 곤장을 견디지 못하고 문득 '그렇다, 그렇다'고 하였다. 영문이 권세를 잡지 못하는 일에 불만을 갖고 조정을 바꾸어 놓아 제 뜻을 쾌하게 하려고 꾀하매, 윤무는 반드시 사리를 들어 일깨웠으나, 영문이 '형제처럼 함께 죽기를 각오하자'고 말하니, 윤무가 어물어물 대답하였다고 한다….

『조선왕조실록』에서 사관이 평한 기록이다. 정막개는 역모를 고변하면서 아전의 신분에서 일약 양반이 되었으나 권력을 얻자 방탕해졌다. 그는 기루妓樓를 찾아다니며 물 쓰듯이 돈을 뿌리고 호사스러운 생활을 했다. 정막개가 길을 가면 아이들이 몰려들어 이를 구경하느라고 길을 못 갈 정도였다. 어떤 사람은 부러워하고 어떤 사람은 비열하다고 침을 뱉었다.

정막개는 불과 1년 만에 성희안의 종을 구타하였다가 대간들의 탄핵을 받았다.

…상 받은 물건이 적지 않았으나 보존하지 못하고 거의 다 잃으니 얼마 되지 않아 전과 같이 곤궁하였다….

역시 실록의 기록이다. 정막개는 역모를 고변하여 많은 상을 받았으나 방탕하여 재산을 모두 낭비한 것이다.

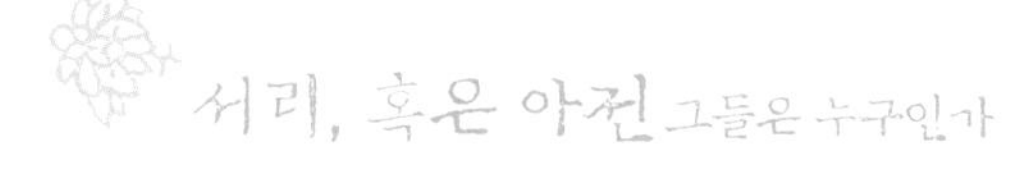

조선을 움직인 사람은 누구인가. 그들은 왕이나 사대부가 아니라 서리라고 불리는 사람들, 속칭 아전들이다. 서리나 아전은 서자庶子나 얼자孼子와 같은 비첩, 기첩의 자식들이고 중인들이 뽑혔다. 상민들은 대개 농사를 짓거나 공인 일을 하지만 서리들은 양반의 자식들이지만 정실의 몸을 빌려 태어나지 않은 서자나 얼자 출신들이 많았는데 자신의 신분 때문에 천한 일을 하지 않았다. 이들은 각 관청에 아전으로 진출하여 업을 삼았다. 아전들은 정치적인 업무를 보는 당상관들과 달리 실제로 업무를 보고 있었기 때문에 사실상 해당 관서의 실권자들이었다. 녹봉은 얼마 되지 않았으나 많은 부수입을 올릴 수 있는 것이 이들 서리였다. 특히 이조나 병조의 아전은 벼슬아치들의 청탁이 오가는 자리였기 때문에 당참전堂參錢을 받아서 부자가 되는 사람들이 많았다. 당참전은 지방 수령이 처음 부임하거나 임지를 옮길 때 인사권을 가진 관리들에게 사례비로 주는 돈이었다. 아전들이 녹봉을 받고 있었기 때문에 불법이었으나 조선 중기 이후에는 관례로 공인되어 비리나 뇌물로 취급하지 않았다. 당연히 이조나 병조의 아전이 되는 것은 하늘의 별 따기였기 때문에 아전도 세습하는 일이 많았다.

선혜청은 조선 후기의 세입 대부분을 관장, 관리했기 때문에 서리로 취직하는 것도 쉬운 일이 아니었다.

『청구야담靑邱野談』에 한 재상집 겸인이 수십 년 만에 선혜청 관리가 되었다는 이야기가 나온다. 부인이 절약하고 공직에 있는 관리의 태도가 어찌해야 하는지 교훈적으로 만들어진 설화로 보이지만 이 관리는 서리를 말하고, 부인은 서리가 7, 8년 동안 근무하면서 받은 녹봉으로 생활하고 부수입은 마루 밑에 땅을 파고 묻었다. 하루는 남편이 불평한다.

"다른 동료는 첩을 두고 기생집을 다니면서 호화로운 생활을 하는데 나는 이게 무엇인가?"

이 아전의 불평을 보면 당시 많은 아전이 첩을 두고 기생집을 출입할 정도로 수입이 많았다는 사실을 알 수가 있다.

"무엇이 불만입니까?"

"내가 돈을 못 벌어 온 것도 아닌데 어찌 우리는 이렇게 궁색하게 사는가? 나는 부유하게 살고 싶다."

"그러시다면 이제 선혜청을 그만두십시오. 그동안 당신이 벌어온 돈은 모두 마루 밑에 묻어 두었습니다."

총명한 부인은 마루 밑에 묻어 둔 돈을 꺼내 남편과 함께 시골로 가서 땅을 사서 농사를 지으면서 부유하게 살았다. 얼마 후에 그와 함께 근무했던 선혜청의 서리들은 공금을 유용했다고 하여 10여 명이 사형을 당하거나 귀양을 가고 재산을 모두 몰수당했다.

법전에 있는 것은 아니지만 아전들은 세습된다. 사대부들은 자신이 맡은 관청에서 아전들의 협조를 받지 못하면 일을 제대로 처리하지 못한다. 그러므로 아전들의 지위는 절대적이었고 때때로 자신들이 모시는 상전을 능가하기도 했다.

한양에 있는 중앙 관청에 근무하는 아전들은 녹봉을 받았다. 그러나 지방 관청에 근무하는 아전들에게는 녹봉을 지급하지 않았다. 그러므로 고을 수령이 관례에 의해 녹봉을 지급했는데 아전들은 이에 만족하지 않고 백성을 착취했다. 『청구야담靑邱野談, 조선 후기의 한문본 야담 소설집』에는 안동에 사는 권 진사가 이방의 딸과 통정을 하고 오히려 재산의 반을 내놓으라고 호통을 치는 대목도 나온다. 양반인 권 진사는 가난한데 아전인 이방이 오히려 부유하다는 사실을 알 수가 있다.

> …내가 선조先朝 때 영동 감진어사監賑御史가 올린 기민도飢民圖를 보니, 엉금엉금 기어서 진휼 장소로 나오는 자를 참혹하여 차마 볼 수가 없었고 사나운 아전이 전세田稅를 독촉하는 모습은 더욱 참혹하고도 놀라웠다. 지금 삼남의 굶주린 백성이 어찌 이와 다르겠는가. 이 그림을 보고서 백성을 생각하느라 잠자리에 들어도 잠을 잘 수가 없었다….

삼남에 극심한 흉년이 들자 세조가 내린 영이었다. 세조 때 이미 아전들의 행패로 백성이 비참한 실정에 몰려 있다는 것을 알 수 있다.

아전이 본디부터 간사한 것이 아니다. 그들을 간사하게 만드는 것은 법이

다. 사대부들이 백성을 다스리는 데 이르러서는,

'이것은 비천한 일이다.'

하면서, 아전에게 맡겨 그로 하여금 백성을 다스리게 한다. 그리고는 때때로 한 번씩 와서 엄한 위엄과 가혹한 형벌을 가하면서,

'간사한 아전은 마땅히 징계해야 한다.'

하니, 이는 손(客)이 와서 주인主人에게 심한 모욕을 가하는 셈이다. 아전 또한 하늘을 쳐다보면서 갓끈이 끊어질 정도로 크게 웃으면서,

'우리가 너와 무슨 관계가 있기에 호통이냐.'

한다면 아전들의 간사함을 어찌 징계할 수 있겠는가.

다산 정약용이 간리론奸吏論에서 이를 통탄했다. 정약용은 사대부들이 관청의 업무를 아전에게 맡기고 어쩌다가 형벌을 가하면서 체면과 위엄만 세우려고 했기 때문에 아전들이 간사해진다고 비난하고 있다. 아전들 또한 관청의 업무를 자신들이 모두 처리하고 있는데 사대부들이 위엄만 세운다고 비난한다. 조선은 철저하게 기득권층을 보호해 왔다. 고을의 수령이 우둔한 자에게 맡겨지고 아전들은 우둔한 수령을 길들이는 촌극까지 일어났다.

…병조로 돌아와 정랑이 되었다. 이때 아전들이 문서를 가득히 안고 책상에 쌓아 놓고는 서명署名하여 달라고 요청했다….

인조 때의 문신인 한수재寒水齋 권상하權尙夏가 충청도 도사의 임무를 끝내고 병조정랑이 되자 아전들이 문서 보따리를 들고 와 소위 길들이기를 하려

는 것을 알 수 있다. 그러나 권상하가 한 번 보고 부정한 장부 몇 장을 적발해 내자 당상관은 권상하의 지혜에 탄복하였으며, 아전들은 모두 두려워하고 공경하여 감히 속이지 못하였다. 『한수재선생문집寒水齋先生文集』 제28권의 「묘갈墓碣」에 있는 기록이다. 아전들은 실권자들이었기 때문에 자신들의 상전을 골탕 먹이기까지 했다.

조선 말기 안동 김씨 세도가 절정에 이르렀을 때 정권의 고위층 못지않게 이들 서리나 아전들의 비리가 많았다. 대원군은 정권을 잡자 만연한 부패를 없애기 위해 각고의 노력을 기울였으나 뜻대로 이루어지지 않는 일이 많았다. 특히 전라도 아전의 비리는 도저히 발본색원을 할 수 없었다.

'전라도 아전이 호랑이보다 더 무섭다.'

대원군이 혀를 내둘렀다는 기록이 황현黃玹, 1855~1910의 『매천야록梅泉野錄』에 있다. 어쨌거나 서리나 아전은 중인 신분이면서 실질적으로 조선을 이끌어 가는 주체였다. 관아를 다스리는 목민관牧民官이 이들 서리나 아전을 어떻게 다루느냐에 따라 선정과 악정이 가려졌다.

제2화

의원

신분을 넘어선 생명 사랑

시대를 불문하고 인류 공통의 관심은 생로병사에 대한 것이다. 동양 의학은 전통적으로 혈맥으로 시작되는데 약술과 침술이 중요한 몫을 차지하고 있다. 한 · 중 · 일 세 나라가 모두 약술과 침술을 이용하여 환자를 치료한다. 삼국시대나 고려시대는 명의들의 기록이 거의 남아 있지 않다. 그러나 조선시대에 이르면서 의술이 더욱 발전을 하고 민중의까지 등장하게 되었다. 조선은 유교의 나라였다. 유학만이 정학正學이고 나머지는 모두 잡학雜學이었다. 사회적으로 하층 신분으로 천대를 받으면서 한의학에 종사했던 사람들은 치열하게 환자들을 돌보고 한의학을 발전시켜 왔다.

양예수

호랑이를 치료한 태의

태의太醫 양예수楊禮壽는 명종 4년(1549) 식년시式年試, 식년마다 보던 식년과의 시험 과거 잡과에 6위로 합격하여 내의원 생활을 시작했다. 그는 산인山人 장한웅에게 배워 의술의 오묘한 이치를 깨달았다. 드라마에서 허준의 상관으로 나와 괴롭히는 것으로 되어 있는데 실제로는 허준이 양예수에게 많은 교육을 받았을 것으로 보인다. 드라마에서 허준의 스승으로 나오는 유의태, 실제로는 유이태劉爾泰는 숙종 때에 어의를 지내고 외가가 있는 산청에 돌아와 의술 활동을 펼친 인물로, 허준보다 1백 년쯤 뒤의 인물이다. 그러므로 드라마와 역사적 사실을 혼동해서는 안 될 것이다.

양예수가 하루는 사신을 따라 명나라에 가다가 압록강을 건너 만주에서 노숙하게 되었다. 그때 호랑이가 양예수를 업고 달리더니 높은 언덕 위에 내려놓고 새끼들을 물어다가 양예수 앞에 놓았다. 양예수가 의아하여 호랑이 새끼들을 살피자 그 중에 한 놈이 다리가 부러져 있었다.

양예수는 약낭藥囊, 약주머니에서 환약을 꺼내 붙여 주었다. 그러자 호랑이가 연방 머리를 조아리며 고맙다는 시늉을 한 뒤에 돌을 주워다가 주었다. 양예수는 기이하게 생각하면서 돌을 품속에 넣고

조선시대의 한약방 모습. 경복궁에 복원되어 있다.

돌아왔다. 양예수가 연경에 도착하여 박물가에게 돌을 보이자 그는 깜짝 놀라면서 그 돌이 주천석酒泉石이라고 했다.

"이 돌을 물에 담가 두면 물이 술로 변하오. 세상에 둘도 없는 보물이라오."

양예수가 시험을 하였더니 과연 그렇게 되었다.

양예수는 박학하고 의술에 능하였으나 명종 18년 내의원 주부主簿로서 순회세자順懷世子의 병을 치료하지 못해 탄핵을 받고 투옥되었다.

"내의 손사균과 양예수는 주부에 오랫동안 정체되었다. 이번 정사에서는 판관에 올려 차임시키고 김세우도 동반東班의 주부에 제수하라."

명종 19년 왕이 영을 내렸다. 양예수는 순회세자를 잘 못 치료하여 죽게 했다는 탄핵을 받아 투옥되었으나 곧 석방되었고 해가 바뀌자 예빈시 판관으로 승진한 것이다.

…우리나라의 동서반東西班 정직正職은 양과兩科, 문과와 무과 및 문음門蔭, 재야의 명성 높은 문인으로 천거를 받아 등용되는 사람들의 사람이 한다. 평민과 서얼 출신 중에서 조종조에 있어 혹 동반에 서용敍用, 죄를 지어 면관(免官)되었던 사람을 다시 벼슬자리에 등용함된 자가 있었다. 그러나 한두 사람에 불과했을 따름이었다. 지난번에 내의인 유지번, 김윤은이 이미 높은 벼슬에 올랐는데 손사균과 양예수가 판관에까지 승진하고 김세우도 함께 주부에 제수되었다. 하루에 세 사람이 함께 동반에 올라 사대부들과 어깨를 나란히 하며 조정에 서게 되었으니 벼슬이 함부로 주어져 명분의 혼탁이 이에 이르러 극에 달한 것이다.

실록을 기록한 사신은 양예수가 승진한 것을 비판하고 있다. 이는 양예수에게 어떤 잘못이 있어서가 아니라 천민 출신이라는 사실 때문이었다. 양예수뿐 아니라 당대에 명성을 떨친 의원들이 그 공으로 관직에 진출할 때마다 사헌부를 비롯하여 많은 사대부의 탄핵을 받았다.

양예수는 어의御醫로 명종의 총애를 받았고 선조 때는 동지중추부사라는 높은 벼슬에 올랐을 뿐 아니라 태의로 『동의보감東醫寶鑑』 편찬에 참여하였고, 박세거, 손사명 등과 함께 『의림촬요醫林撮要』를 저술했다.

양예수에 대한 자세한 기록은 없다. 그러나 그가 태의太醫라는 칭호를 받은 것은 어려운 역경 속에서도 많은 공부를 하여 박학한 의원이 되었기 때문이다.

허임
신의 손을 가진 침의

조선시대는 유난히 명성을 떨친 한의들이 많았다. 태의 양예수 밑에는 『동의보감』을 남긴 명의 허준許浚과 침의 허임許任이 쌍벽을 이루고 있었다. 허준은 양천 허씨, 허임은 하양 허씨였다. 허임은 아버지가 관노로 악공이고 어머니가 사노 출신이었다. 어릴 때 관노의 자식이라고 천대를 받고 자란 허임은 부모가 아팠기 때문에 한의학을 배웠다고 자신이 남긴 『침구경험방鍼灸經驗方』에 기록하고 있다.

허임의 7대조는 단종 복위운동 때 집현전 부수찬副修撰이었던 허조로 성삼문, 박팽년 등의 거사가 실패하자 스스로 목을 매어 자살했다. 허조는 세종이 동성애 사건으로 유명한 세자빈 봉씨를 폐출할 때 단독으로 불러서 상의했을 정도로 학문이 높았던 인물이다.

허조의 아내 안비와 딸 의덕은 역적의 자식이라고 하여 전 판중추원사 이계전에게 하사되었다. 아들들은 모두 교형絞刑을 당하거나 관노로 보내졌다.

허조는 역적이 되어 자살한 뒤에 아들 둘은 교수형, 부인과 딸은 이계전에게 하사되었으나 손자 허충이 나이가 어려 유배를 갔기 때문에 절손絶孫되지 않고 대대로 관노 생활을 하다가 6대 후손 허억복『조선왕조실록』에 의거한 이름이다. 허봉악 등 여러 이름이 전한다이 관청에서 악공 일을 하면서 사노를 만나 혼례를 올려 허임을 낳았던 것이다. 그러므로 『침구경험방』이라는 불후의 명저를 남긴 허임은 대대로 종의 신분을 세습하다가 선조와 광해군 때 침의로 명성을 떨치면서 벼슬을 얻어 면천免賤되어 양반이 되었다.

허임이 어떻게 하여 선조를 치료하는 어의로 진출했는지 알 수 없다. 선조 임금은 잔약하여 병치레가 잦았는데 허임이 신의 손이라고 불릴 정도로 침을 잘 놓는다는 소문을 듣고 불러서 치료를 맡긴다. 허준은 의약으로 허임은 침술로 치료하여 당상관의 벼슬에까지 오른다. 그러나 선조가 벼슬을 내릴 때마다 허임이 관노 출신이라는 사실을 들어 사헌부와 사간원이 걸핏하면 탄핵을 하여 벼슬에서 물러난다. 그러나 허임은 선조의 뒤를 이어 광해조 때까지 어의로서, 침의로서 이름을 날리고 『침구경험방』, 『동의문견방』 등의 의서를 남겨 조선에서 으뜸가는 침의鍼醫라는 명성을 떨쳤다.

허임은 조선시대 의성으로 불리는 허준, 사암도인과 동시대의 인물로 죽은 뒤에는 조선 4의四醫로 불리고 침술로는 조선에서 으뜸이라는 찬사를 받았다. 실제로 침술에서는 조선시대 최고의 의원이다.

허임의 저서 『침구경험방』에서 이경석1595~1671이 쓴 서문을 살펴보면 그의 명성이 얼마나 높았는지 알 수 있을 것이다.

…신神의 기술을 가진 자로 평생 구하고 살린 것이 손으로 다 꼽을

수가 없다. 그간 죽은 사람도 살리는 등 효험을 많이 거두어 명성을 일세에 날렸으며 침가鍼家들이 추대하여 머리로 삼는다….

침가들이 추대하여 머리로 삼았다는 것은 의원들 스스로 허임을 최고의 침의로 인정했다는 뜻이다. 조선조 선조시대는 침구의학의 황금기였다. 『조선왕조실록』에는 빈번하게 이들이 임금을 치료했다는 기록이 나온다. 당대의 명재상 유성룡柳成龍, 1542~1607이 『침구요결』이라는 책을 저술한 것도 이 시기에 침술이 폭넓게 민중 의술로 자리 잡고 있었다는 사실을 증명한다.

허임은 선조들이 당당한 양반이었는데도 불구하고 천민의 삶을 살았다. 그러나 천민이라는 사실보다도 어머니가 병을 앓고 있다는 사실이 그에게는 더욱 고통스러운 일이었다. 허임은 어머니의 병을 치료하기 위해 한의학을 배웠다. 한의학을 배우려면 한문을 배우지 않을 수 없었다.

"천민이 무슨 글을 배우려고 하느냐?"

아버지 허억복은 허임이 글을 배우려고 하자 야단을 쳤다. 그의 생각으로는 역적의 후손이 의술을 배워도 성공하기 어려우니 악공 일을 배워 호구책이나 세웠으면 하는 것이었다.

"저는 반드시 의술을 배워 어머니의 병을 낫게 해 드리겠습니다."

허임은 자신의 결심을 굽히지 않았다. 허임은 마을에 있는 한의원에 나가서 약초도 캐고 잔심부름도 하면서 의술을 배우기 시작했다. 허임과 같은 천민에게 한의원도 의술을 가르치는 것을 썩

달가워하지 않았다. 그러나 천성이 총명했기 때문에 허임은 한의원에서 일하는 약초꾼들보다 훨씬 더 빨리 본초에 대해서 배웠고 비록 어깨너머이기는 하지만 맥을 짚고 혈을 잡는 방법을 빠르게 깨우쳤다. 아울러 누가 가르치지도 않았는데 글을 배워 병부를 읽었다.

한의학은 맥과 혈을 가장 중요하게 생각한다. 특히 허임은 맥을 짚고 혈을 잡는 솜씨가 뛰어났다. 맥과 혈은 약으로도 뚫을 수 있지만 안올按阢, 안마이나 침처럼 물리력으로 뚫는 것이 훨씬 효과적이었다. 허임은 저잣거리에서 침술을 시술했다. 그 자신이 천민이었기 때문에 권세 있는 양반들보다 천민 환자들이 주로 그를 찾아왔다. 그는 천민들을 상대로 임상시술을 할 수 있었다. 그가 침술에 열중하고 있을 때 임진왜란이 일어났다. 일본군은 동래에 상륙하자 파도가 몰아치듯이 공격을 하여 불과 열흘 만에 한양이 위험해졌다. 당황한 선조는 한양을 버리고 북쪽으로 몽진蒙塵, 머리에 먼지를 쓴다는 뜻으로, 임금이 난리를 피하여 안전한 곳으로 떠남을 떠나고 임금이 떠난 도성은 백성까지 다투어 달아나 텅텅 비었다. 허임도 일본군을 피해 북쪽으로 피난을 가지 않을 수 없었다. 선조는 의주에 이르고 명나라가 구원군을 보내왔다. 일본군의 기습 침략으로 어쩔 줄을 모르던 조선은 마침내 대대적인 반격을 하게 되었다. 왕세자인 광해군은 남조南朝를 이끌고 반격 작전을 전개했다. 허임도 광해군의 남조에 참여했다. 비록 천민에 지나지 않았으나 의술과 학문이 뛰어난 허임이었다. 광해군은 허임을 총애하여 항상 가까이에 두

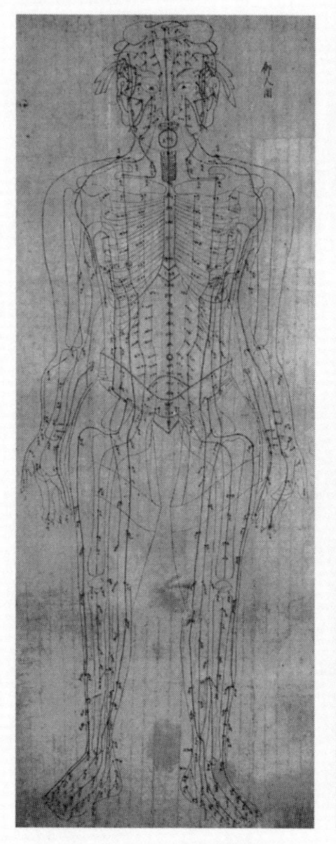

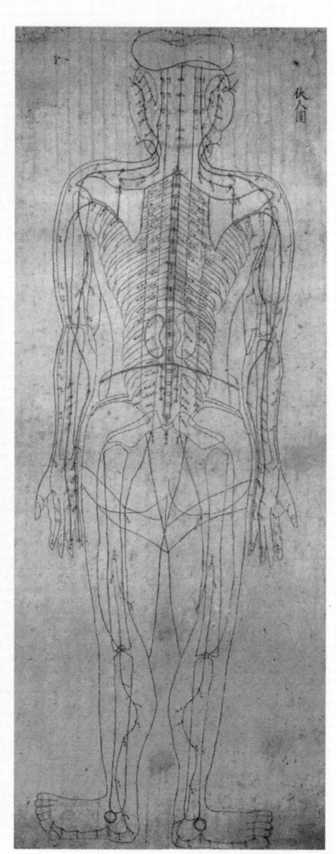

조선 후기에 사용된 경혈도. 가천박물관 소장.

었다. 도요토미 히데요시가 죽고 7년 동안의 길고 긴 전쟁이 끝이 났다. 선조와 광해군은 폐허가 된 한양으로 돌아왔다.

'참혹하구나.'

허임은 불에 타 잿더미만 남아 있는 한양을 보고 비감했다. 일본군은 철수하면서 한양을 불태우고 미처 피난을 가지 못한 백성을 약탈했다. 그것은 란도리라는 이름의 약탈이었다. 살아남은 백성은 피골이 상접해 있었다. 허임은 굶주리고 병들어 죽어 가는 사람들을 치료했다. 약으로 치료할 때는 들이나 산에서 흔하게 구할 수 있는 재료들을 사용했고 대부분은 침으로 치료를 했다. 허임의 침술이 한양에 널리 알려지게 되었다. 이제는 피난에서 돌아온 양반들과 벼슬아치들까지 그를 초청하여 치료를 받았다. 특히 신경통 계열의 병을 앓는 환자들이 허임을 찾아왔다. 허임은 환자들을 치료하면서 맥과 혈에 대해 깊이 연구를 했다. 마침내 허임의 이름이 선조에게까지 알려지게 되었다.

선조는 오랫동안 편두통을 앓고 있었다. 허임은 대궐에 들어가 선조의 편두통을 치료하게 되었다.

…1경 말에 상이 앓아 오던 편두통이 갑작스럽게 발작하였으므로 직숙直宿, 숙직하는 의관에게 전교하여 침을 맞으려 하였는데, 입직하고 있던 승지가 아뢰기를,

"의관들만 단독으로 입시하는 것은 온당치 못하니 입직한 승지 및 사관이 함께 입시하는 것이 어떻겠습니까?"

하니, 전교하기를,

"침을 맞으려는 것이 아니라 증세를 물으려는 것이니, 승지 등은 입시하지 말라."

하였다. 또 아뢰기를,

"허임이 이미 합문에 와 있습니다."

하니, 들여보내라고 전교하였다. 2경 3점에 편전으로 들어가

입시하였다. 상이 이르기를,

"침을 놓는 것이 어떻겠는가?"

하니, 허준이 아뢰기를,

"증세가 긴급하니 상례에 구애받을 수는 없습니다. 여러 차례 침을 맞으시는 것이 미안한 듯하기는 합니다마는, 침의들은 항상 말하기를 '반드시 침을 놓아 열기를 해소시킨 다음에야 통증이 감소된다'고 합니다. 소신은 침놓는 법을 알지 못합니다마는 그들의 말이 이러하기 때문에 아뢰는 것입니다. 허임도 평소에 말하기를 '경맥을 이끌어 낸 뒤에 아시혈阿是穴에 침을 놓을 수 있다'고 했는데, 이 말이 일리가 있는 듯합니다."

하였다. 상이 병풍을 치라고 명하였는데, 왕세자와 의관은 방 안에 입시하고 제조 이하는 모두 방 밖에 있었다. 남영이 혈을 정하고 허임이 침을 들었다. 상이 침을 맞았다.

선조 37년의 기록이다.

선조 37년 10월 23일 비망기로 임금이 편두통을 앓았을 당시의 약방 관원들에게 포상한다.

…비망기로 일렀다.

"지난번 위에서 편두통을 앓아 침을 맞을 때의 약방 도제조인 좌의정 유영경에게는 내구마內廐馬 1필을, 제조 평천군 신잡과 도승지 박승종, 침의 허임, 남영에게는 각각 한 자급을 가자하라."

허임은 선조의 편두통을 치료한 공로로 임금에게 포상을 받는다.

허임이 활동한 기간은 『조선왕조실록』의 기록을 조사하면 선조 31년(임진왜란이 끝나기 직전)으로부터 광해군 15년까지의 26년간이다. 그는 선조와 광해군을 치료한 공으로 6품에서 당상관으로 파격적인 승진을 하고 많은 상을 하사받기도 한다. 양주, 부평, 남양 등 경기 지방 수령에 임명되어 여러 차례 벼슬을 지내기도 했다. 그러나 비천한 노비 출신이라는 것이 항상 그의 발목을 잡았다. 그는 선조 때부터 광해군에 이르기까지 임금을 치료하는 어의로 많은 상을 받고 관직에 진출했으나, 그때마다 고루한 간관諫官들의 탄핵을 받았다.

…허임은 6품직에 있고 남영은 7품관인데 어떻게 한때 직분상의 조그만 공로 때문에 갑자기 통정대부의 가자를 제수할 수 있겠습니까. 물정이 매우 경악스럽게 여기고 있으니 개정하소서.

선조 37년 10월 28일 사헌부 장령 최동식이 탄핵을 했다. 선조가 죽기 전에 허임은 1년 내내 침술을 시술했다. 이 공로로 광해군이 마전麻田 군수에 임명했다.

…마전 군수 허임은 본시 미천한 사람으로서 이미 당상의 직을 역임했으니, 그의 노고를 보답해 준 은전이 지나치다고 할 수 있습니다. 그런데 이번에 목민의 직임을 제수하자 물정이 해괴

하게 여기지 않는 사람이 없습니다. 체차遞差, 관리의 임기가 차거나 부적당할 때 다른 사람으로 바꾸는 것을 이르는 말시키소서.

광해군 1년 10월 8일 사헌부가 아뢰었으나 광해군이 거절하여 허임은 마전 군수에 부임했다. 그러자 영평의 아전들이 일제히 반발했다. 아전들은 대개 서자나 얼자와 같은 중인들이 맡고 있었다. 자신보다도 신분이 비천했던 사노 출신이 군수로 부임하자 일제히 반발한 것이다.

사헌부는 사간원과 연계하여 집요하게 허임의 파면을 요청했다. 광해군은 집권 초기라 이들의 요구를 거절하지 못하고 10월 15일 마침내 체차하기에 이르렀다. 그러나 광해군은 허임이 어머니를 모시고 나주에서 가난하게 사는 것을 알고 있었다. 광해군은 허임을 한양 성 밖에 머물게 하고 첨지 수준의 녹봉을 주라고 지시했다.

허임은 사헌부와 사간원의 탄핵에 실망하여 다시 고향 나주로 내려갔다. 광해군은 허임에게 영을 내려 한양으로 올라오라는 지시를 내렸다. 그러나 허임은 한양으로 올라오지 않았다. 그러자 사간원이 허임을 국문鞫問하라는 요청을 했다. 광해군 8년 1월 23일 광해군은 특지로 허임을 영평 현령에 임명했다. 광해군 2년 2월 12일, 광해군은 허임을 양주 목사에 임명했다.

…허임은 천출로서 양주 목사에 제수되었다….

『조선왕조실록』을 기록하는 사관조차 허임이 실직에 제수되는 것을 싫어하여 이런 기록을 남겼다.

…새 목사 허임은 아비가 관노이고 어미는 사비로, 비천한 자 중에서도 더욱 비천한 자입니다. 그런데 침술로 발신發身하여 녹훈되고 봉군되기까지 하였으니, 분수에 이미 넘친 것으로, 국가에서 공로에 보답함이 너무 지극한 것입니다. 선조先祖 때에도 마전 군수에 제수되자, 본군의 하리下吏들이 그의 밑에서 일하는 것을 부끄럽게 여겨 한 사람도 와서 맞이해 가는 사람이 없어서, 이 때문에 아뢰어 체직시켰습니다. 영평의 수령이 되어서도 제대로 하리들을 장악하지 못하였습니다. 그런데 더구나 서울의 팔다리가 되는 이 중요한 지역을 맡기시겠습니까. 속히 체차하도록 명하소서.

사헌부는 이번에도 연명으로 허임을 체차할 것을 요구했다. 그러나 광해군이 거부했다. 사헌부와 사간원은 한 달 동안이나 집요하게 허임을 체차할 것을 요구했다.

…양주 목사 허임과 부평 부사 이익빈을 서로 바꾸어라.

광해군은 한 달 만에 허임과 이익빈의 벼슬을 바꾸었다. 광해군 14년 허임을 특별히 제수하여 남양 부사로 삼았다. 그러나 광해군

15년 인조반정이 일어나면서 허임은 벼슬에서 물러났다. 그는 고향에 은거하면서 가난한 사람들을 치료하고 자신의 침술 경험을 저서로 남기기로 했다.

> …불민한 나는 어릴 때에 친환親患으로 인하여 의가에 종사하면서 오랜 적공積功으로 입문할 정도이더니 지금에는 노쇠하여 정법이 전하여지지 못할까 걱정이 되어 평소의 견문을 가지고 대략편차大略編次하는데 우선 진찰의 필요성과 전환의 기변을 들고 보사법補瀉法을 발명했다. 다만 일생 고심한 것을 차마 버리지 못하여 책을 집필하니 이 책을 읽는 사람들이 좀 더 연구 노력한다면 위급한 환자를 구하여 활인하는데 조금이라도 도움이 될 것이다.

허임은 『침술경험방』을 집필하는 이유를 긴급한 상황에서 목숨을 살리려 함이라고 밝힌 것이다.

허임은 친환 때문에 의원이 되었다고 밝혀 자신이 의업에 종사하게 된 동기를 설명하고 있다. 그는 비록 어의로서 26년 동안이나 궁중에서 생활했으나 천민 출신이었기 때문에 방외자로서 살아갈 수밖에 없었다. 말년에 이르면 모든 공직에서 떠나 지방에서 가난한 사람들을 치료하면서 저술을 했다.

피재길

정조의 종기를 치료한 명의

조선시대 의원들은 내의원이 되는 것을 가장 선호한다. 과거의 잡과에 의과를 둔 것은 백성을 치료하는 의원의 자격증을 주는 것이 아니라 나라에서 필요한 의원을 뽑으려는 것이다. 의과에 합격한 의원들은 대부분 내의원에 소속되어 왕실 치료를 전담하게 되고 소수만이 의약과 서민을 구료救療하는 임무를 관장하던 혜민서惠民署에서 활약했다. 이들은 전염병이 창궐할 때 각 지방에도 파견되어 전염병 퇴치에 혼신의 노력을 기울였다. 그러나 대부분의 의원들은 내의원이 되지 않고 여항閭巷, 보통 사람들이 사는 곳에서 의원 생활을 했다.

의원 피재길皮載吉은 어릴 때 아버지를 여의고 어머니의 손에서 자랐다. 그의 집안은 대대로 의과로 진출하여 의원으로 생업을 삼았다. 그의 아버지는 종기를 잘 치료하여 명성이 높았다. 그러나 일찍 세상을 떠났기 때문에 피재길에게 의술을 전수할 수 없었다. 피재길의 어머니는 남편이 고약을 제조할 때 항상 옆에서 거들었기 때문에 그 제조법을 알았다. 집안이 가난했기 때문에 어머니는 피재길에게 글을 가르치지 못하고 고약을 제조하는 기술만 가르쳤다. 피재길은 온갖 종류의 고약을 제조하여 여항을 돌아다니면서 팔았다.

그는 글을 몰랐기 때문에 의원 행세를 하지 못했다. 진맥을 하

정조대왕이 그린 〈정조대왕필파초도(正祖大王筆芭蕉圖)〉. 정조는 서화를 즐겼는데, 특히 문인 취향의 사군자를 즐겨 그렸다. 18세기, 보물 743호, 동국대학교박물관 소장.

지도 못했고 처방전을 쓸 줄도 몰랐다. 그러나 그의 고약은 효험이 있어서 사대부들에게도 널리 알려졌다.

정조 17년(1793), 정조는 머리에 난 부스럼이 자라서 종기가 되었다. 종기는 내의원들이 여러 약을 사용해도 낫지 않고 얼굴 여러 곳으로 퍼졌다. 정조는 민간에서 명의를 불러오라고 영을 내렸다. 이에 한양의 여항을 돌아다니고 있던 피재길이 입시入侍하게 되었다. 피재길은 여항의 일개 약장사에 지나지 않았으나 대궐에 들어와 임금 앞에 이르자 잔뜩 긴장하여 땀을 비 오듯 흘렸다. 이를 본 내의원들이 속으로 쿡쿡거리고 웃었다.

"가까이 와서 진찰하라."

정조가 피재길에게 영을 내렸다. 피재길은 그때야 정조 앞으로 조심스럽게 다가가서 종기를 살폈다.

"어떠냐? 종기를 치료할 수 있겠느냐?"

"신에게 한 가지 처방이 있습니다."

피재길이 조심스럽게 아뢰자 정조는 물러가서 약을 지어 올리게 했다. 피재길은 어전에서 물러나와 웅담을 여러 약재와 배합하여 고약을 지어 환부에 붙였다.

"며칠이면 종기가 낫겠느냐?"

"하루면 통증이 가라앉고 사흘이 지나면 완전히 나을 것입니다."

피재길은 고약을 바른 뒤 정조에게 아뢰었다. 과연 하루가 지나자 통증이 가라앉고 사흘이 지나자 종기가 거짓말처럼 깨끗하게 나았다.

…약을 붙이고 하루가 지나자 전날의 통증이 완전하게 사라지고 병이 나았으니 오늘 같은 세상에 숨은 이인異人과 비방이 있을 줄은 생각도 하지 못했다. 의원은 명의라 할 만하고 약은 신방神方이라 할 만하다.

정조는 피재길을 약원의 침의에 임명하도록 하고 예조판서 홍양호에게 전傳을 지으라는 영을 내렸다. 이에 홍양호가 피재길 소전小傳을 지어 정조에게 바쳤다.

피재길의 이름이 장안에 파다하게 퍼졌고 그가 제조한 웅담고熊膽膏는 명약으로 조선에 널리 알려졌다. 그러나 이로부터 7년 후인 정조 24년(1800) 정조가 종기에 의한 병으로 죽자 피재길은 다른 의원들과 함께 탄핵을 받게 된다. 어의들은 임금이 병을 앓다가 죽으면 죄가 없어도 책임을 추궁당한다.

"내의 강명길, 피재길과 방외의方外醫 심인에 대해 국문을 시행하여 실정을 알아내었으니 속히 방형邦刑을 바루도록 하소서."

사헌부에서 일제히 아뢰었다.

순조는 의관 심인을 경흥부로, 피재길을 무산부로, 정윤교를 위원군으로 귀양을 보냈다. 강명길은 유배를 보내기 전에 가혹한 고문을 받다가 죽었다.

무산군으로 귀양을 간 피재길은 순조 3년이 되어서야 석방되었다. 피재길은 두 번 다시 내의원에 들어가지 않고 여항을 돌아다니면서 민중의가 되었다.

의관, 그들은 누구인가

조선시대의 의원은 생명을 다루는 직업이었기 때문에 왕실이나 천민 모두에게 높은 대우를 받았다. 왕실 전문의인 어의들은 정3품에서 정1품까지 가자加資, 품계를 올리는 일되는 일이 많았고 잡과라고 불리는 의과에 합격을 했으면서도 고을 수령으로 임명받는 일도 많았다. 어의 중에 의술에 지대한 공을 남긴 사람들은 태의라고 불렸는데 양예수와 허준, 백광현이 대표적인 의원들이다. 조선시대는 철저한 신분사회였기 때문에 의과에 합격하려고 많은 의원들이 사활을 걸었다. 의과에 합격하여 어의가 되면 천민이라도 품계를 받아 면천이 되고 부유한 생활을 할 수 있었기 때문에 중인과 천민들이 의과를 보았다.

조선 중기에 이르면 대를 물려 의업에 종사하는 경우를 흔하게 찾아볼 수 있다. 태의 백광현과 종의 피재길도 중인 출신으로 대대로 의업에 종사한 가문에 태어났다. 그러나 대를 이어 명성을 떨친 의원들은 많지 않다. 조선시대 의원들은 일정한 경지에 이르면 의술을 이용하여 부와 권력을 누리는 것보다 병을 다스려 민중을 구하는 치병제중治病濟衆을 더 가치 있게 생각했다. 의과에 합격하여 내의원이 되어 가문의 영광을 빛내려는 의원들도 있었으나 많은 의원들은 여항에서 일반 백성을 치료하는 일에 진력했다.

조선시대는 예방의학이 발달해 있지 않았다. 한 번 전염병이 창궐하면 수많은 백성이 가을에 낙엽이 떨어져 뒹굴듯이 죽어 갔다. 조선시대 수많은 사람의 생명을 앗아 간 전염병은 천연두, 홍역, 역병, 종기, 학질, 이질 등 헤아릴 수 없이 많았다.

의원들은 당연히 이런 전염병을 예방하고 치료하는 데 사력을 다했다.

유이태는 정확한 생몰 연대가 알려지지 않았으나 숙종 때 이미 어의를 지낸 인물이었다. 그러나 내의원 생활에 만족하지 못하여 고향 산청으로 돌아가 영남 일대의 사람들을 치료하면서 일생을 보냈다. 숙종이 유이태가 명의라는 소문을 듣고 한양으로 상경하라는 영을 내리자 유이태는 올라오다가 병이 들었다는 핑계로 다시 고향으로 내려갔다.

"영남 의원 유이태는 내의원에서 재촉하여 전주에 이르렀는데, 병을 핑계대어 오지 않다가 끝내는 집으로 돌아가 거드름을 피우면서 편하기를 도모했으니, 중벌에 처해야 마땅합니다."

숙종 39년 12월 사헌부에 올린 보고다. 유이태가 그 뒤에 어떤 벌을 받았는지는 기록에 없으나 정조가 즉위했을 때 두진痘疹, 천연두과 마진麻疹, 홍역이 유행하여 많은 백성이 목숨을 잃었다. 유이태는 이에 홍역에 대한 연구를 깊이 하여 치료제를 개발했다. 유이태로 인해 많은 백성이 죽음의 병에서 살아나고 유이태는 『마진경험방麻疹經驗方』을 참고로 하여 정조 10년(1786) 「마진편麻疹篇」 1책을 저술했다. 이 책은 홍역에 대한 전문의서로서 오랫동안 필사본으로 전해져 왔으나 실전된 것을 1931년 경상남도 진주에서 박주헌朴周憲에 의하여 출간되어 널리 알려졌다.

조선시대에는 의과를 보지 않고도 의원 생활을 하면서 의술을 펼친 사람들도 많았다. 의원이 되려면 어릴 때부터 도제식으로 배우는 방법과 책을 보고 배우는 방법이 있는데 피재길이나 백광현처럼 어깨너머로 배운 사람들도 많았다. 이들은 일세를 풍미한 의원들인데도 글자를 몰랐다. 백광현은 원래 말을 치료하는 수의사였으나 나중에는 종기 치료를 하는 전문의가 되었다. 백광현은 뿌리가 깊은 종기는 큰 침으로 환부를 절개하여 독을 제거하고 뿌리를 뽑아냈다. 의원이 되는 사람들은 중인 출신이 많았으나 양반에서부터 천민까지 다양했다. 양반이 의원이 되었을 때는 유의라고 하지만 관노 출신과 같은 천민이 의원이 되면 잡류라고 부른다.

종의 이동李同은 종기 치료에 탁월한 재능을 가지고 있었으나 임국서라는 의원의 마부 노릇을 하면서 어깨너머로 의술을 배웠다. 이동은 글을 몰라 일자무식이었다. 그러나 종기를 치료하는 것은 명의로 나라 안에 명성이 높았다. 이동의 이름을 더욱 드날리게 한 것은 그의 독특한 치료법이었다. 이동은 침을 놓고 뜸을 뜨기도 했으나 약재로 손톱이나 머리카락, 오줌, 똥, 때를 사용했다. 풀이나 나무벌레, 물고기 등을 약재로 사용할 때도 있었으나 그것은 어느 곳에서나 흔하게 구할 수 있는 것들이었다.

"더러운 것으로 어떻게 몸을 치료하랴."

사대부들은 이동의 약재가 더럽다고 하여 눈살을 찌푸렸다. 그러나 가난한 천민들은 약값이 적게 들어갔기 때문에 신선처럼 받들었다.

"이동에게 치료를 받으면 돈이 들어가지 않는다."

사람들은 이동의 기이한 치료법에 감탄하고는 했다. 사대부들이나 권문세가들은 이동의 치료법을 천하게 생각했으나 가난한 천민들은 이동의 치료를 고마워했다. 이동이 치료한 뒤에 받는 약값은 한 푼어치도 되지 않았다.

이동은 천민들은 도저히 사용할 수 없는 웅담, 녹용 따위는 결코 약재로 사용하지 않았던 것이다.

제3회

점술가

길흉화복을 점치는 민간 신앙

난세가 도래하여 백성의 삶이 어려워지면 예언서와 참서讖書가 시중에 유포된다. 이는 왕조가 바뀔 때 예외 없이 나타나는 현상으로 고려가 망할 때도 비기秘記가 난무했고 조선이 멸망할 때도 많은 예언서와 참서가 나돌았다. 민중이 도탄에 빠지면 진인眞人이 나타나 새로운 세상을 열어 줄 것을 갈망한다. 조선시대에 가장 많이 인구에 회자된 예언서들이 『도선비기』, 『정감록』, 『격암유록』, 『토정비결』 등이다. 이런 비기들이 국가의 흥망이나 전란을 예언한다면 점술가들은 개인의 길흉화복을 점친다.

남사고
개벽 사상의 창시자

우리나라 최초의 풍수지리서라고 할 수 있는 『도선비기道詵秘記』는 한국의 풍수 사상 창시자인 도선선사가 지은 책으로 중국의 체계화된 풍수지리 사상을 최초로 전하고 있다. 통일신라 말엽의 승려인 도선은 중국에서 발달한 참위설을 위주로 지리에 따라 왕조나 인간이 흥망을 한다는 쇠왕설衰旺說과 산천에 따라 순리와 역이 바뀐다는 순역설順逆說 및 잘못된 것을 바로잡거나 돕는 비보설裨補說을 책에서 내세우고 있다.

『도선비기』 원본은 유실되었으나 이본異本들이 시중에 널리 유포되어 고려의 성립과 고려시대, 조선시대에 이르기까지 많은 영향을 주었다. 태조 왕건은 자신의 후손들에게 남긴 『훈요십조訓要十條』에서 도선선사가 지정하지 않는 산천에 함부로 사찰을 건축하지 말라는 유언을 남기기까지 했다. 그러나 『도선비기』는 단순하게 풍수지리에 따라 왕조나 인간의 흥망을 예언하고 있어서 백성을 현혹하는 경우가 종종 있었다.

조선 중기의 학자이자 기인인 이지함李之菡이 지은 『토정비결土亭秘訣』은 해마다 정초에 1년 열두 달의 재수를 미리 예측하는 술서術書다. 조선 후기부터 오랫동안 민간에서 『토정비결』로 그 해 신수身數를 알아보기 때문에 서민들과 가장 친근한 책이다. 『토정비결』의 핵심은 주역의 괘로써 신수를 풀이하지만 주역과는 많은 차이가 있다.

『토정비결』의 괘를 풀면 처음에는 괘상이라 해서 그 해 전체의 운수를 풀이하고 다음에는 월별 풀이를 할 수 있다.

신상유곤분주지상身上有困奔走之象

1년 운이 이렇게 나왔다면 '1년이 바쁘다가 괴로운 몸이 귀인을 만나 고향으로 돌아온다'로 해석하는데 '청산귀객青山貴客 일모망보日暮忙步'와 같은 4언시로 해석을 돕는다.

청산에 돌아가는 사람이 해가 저물 때 바삐 돌아가는 격이다. 시련 뒤에 낙이 있을 운이다.

위 내용처럼 『토정비결』은 서민들에게 희망을 주고 경각심을 일깨우는 내용으로 되어 있다. 다른 점술서와 마찬가지로 비유와 상징적인 내용이 많은 예언서이기는 하되 서민들을 현혹하지 않는다.

'뜻이 높고 마음이 너그러우니 반드시 성공한다. 관귀가 발동하므로 멀리 가는 것은 좋지 않다.'

'여자를 가까이하지 마라.'

'북쪽에서 목성을 가진 귀인이 와서 도와주리라.'

'떠도는 기러기처럼 몸과 마음이 수고롭다.'

『토정비결』은 매사에 최선을 다하고 조심스럽게 생활을 하도록 서민들을 일깨우고 있는 것이다.

『토정비결』을 쓴 이지함은 조선시대 명종 때 태어나 포천 현감과 아산 현감을 지냈는데 궁핍한 백성을 긍휼하여 선정을 베풀었고 아산 현감으로 있을 때는 걸인청乞人廳을 설치하여 유리걸식하는 유민들을 구제하기도 했다.

『격암유록格菴遺錄』과 『정감록鄭鑑錄』은 도탄에 빠진 민중에게 개벽 사상을 불어넣었으며, 이 사상은 동학으로까지 연결된다. 『정감록』은 지은이가 뚜렷하지 않으나 반왕조적이고 그동안의 모든 비기나 비결을 망라하고 나서 정씨鄭氏 성을 가진 진인眞人이 출현하여 이씨 조선이 멸망하고 새로운 이상향을 건설한다는 사상적 배경을 깔고 있다. 그러므로 조선시대에는 금서가 되었고 사이비 종교가 민중을 현혹하는 수단으로 이용하기도 했다.

『격암유록』은 『정감록』과 달리 지은이가 뚜렷한 예언서이면서 병화를 피하는 길지를 알려 주는 풍수지리서 성격이 강하다. 물론 『격암유록』에도 많은 예언들이 혼재하고 있다.

『격암유록』의 전수자 남사고南師古의 생몰년은 정확하지 않다. 일부 기록에 중종 4년(1509)에 태어나서 선조 5년(1572)에 63세

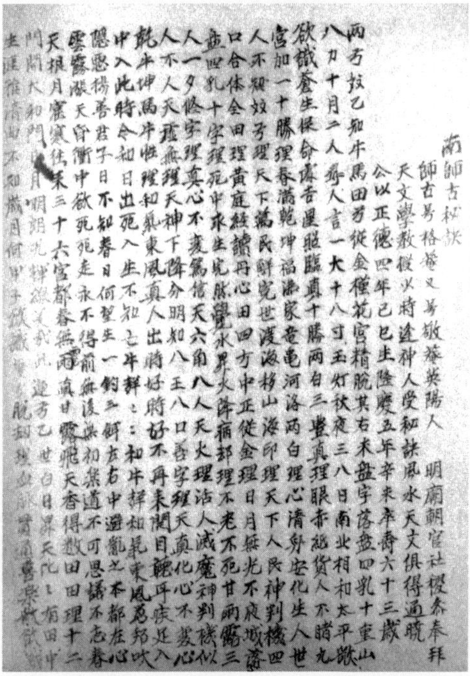

남사고의 『격암유록』 원문.

로 죽은 것으로 되어 있다. 남사고는 경북 울진에서 태어나 자랐다. 그의 증조부 남호南顥는 만호의 벼슬을 지냈으나 조부와 부친에 대해서는 상세한 기록이 없다. 이는 조부와 부친이 모두 높은 벼슬을 하지 못했기 때문이고 그 까닭에 집안이 가난했다. 집이 거적으로 된 문으로 바람과 비를 막지 못하는 움막과 같았으나 남사고는 어릴 때부터 항상 태도가 의젓하고 학문에 전념하여 경사經史에 두루 통달했다.

'이 아이는 장차 크게 될 것이다.'

남사고가 학문에 전념하는 것을 본 사람들이 칭찬을 아끼지 않았다.

남사고는 항상 소학을 가까이 두고 읽었으며 효성이 지극했다.

남사고가 자랄 때는 중종의 치세 기간으로 사림파의 영수 조광조가 기묘사화로 죽으면서 많은 유림 인사들이 탄압을 받아 죽었다. 사림파의 존경을 한몸에 받은 조광조와 김정, 김식 등이 사형을 당하고 김구, 박세희, 박훈, 홍언필, 이자, 유인숙 등이 귀양을 가자 당시의 식자들 사이에서 '학문을 배워서 무엇을 하느냐' 라는 자조론이 일어났다. 이 때문인지 알 수 없었으나 남사고는 정통 유학에서 금기로 여기는 역학, 참위讖緯, 감여堪輿, 천문, 관상, 복서卜筮, 점를 공부하여 일가를 이루었다.

"자네는 어찌 잡학을 하는가?"

남사고의 벗들이 혀를 차면서 물었다.

"내 이미 경서에 두루 통달했으니 잡학을 살피는 것일세."

남사고는 웃으면서 태연하게 대답했다. 그는 스무 살이 되기 전에 경서를 외고 많은 벗을 사귀었다. 훗날 영의정을 지내는 이산해, 판서를 지내는 권극례 등이 남사고와 가까이 지냈다. 천성이 자유로운 그는 천하를 주유하는 것도 서슴지 않으면서 과거 시험에도 응시했다. 그러나 향시鄕試, 지방에서 실시하던 과거의 초시(初試). 여기에 합격하여야 서울에서 복시(覆試)를 치를 수 있었다에는 여러 번 합격했으나 기이하게 전시殿試에는 번번이 떨어져 급제하지 못했다.

"자네는 남의 길흉화복을 잘 알면서 자신의 명운은 모르니 어찌

김홍도는 서민들의 일상을 담은 풍속도를 많이 남겼다. 지나가는 아낙네들이 점괘를 보는 모습을 담은 이 작품은 시주하는 장면으로 읽히기도 한다. 『단원풍속도첩』에 실려 있다. 보물 527호.

된 것인가?"

남사고가 번번이 과거에 낙방하자 친한 벗들이 물었다.

"사사로운 욕심이 생기면 점술도 어둡게 된다네. 내가 급제하지 못할 것을 알았으면 과거 보러 오지 않았을 것일세. 욕심으로 생각이 어두웠기 때문에 혹시라도 급제를 할까 하여 한양에 온 것이라네."

남사고가 담담하게 웃으면서 대답했다.

…남사고가 김윤신과 함께 동대문 밖 교외를 지나다가 태릉 근처를 가리키면서 말하기를, "내년에 동쪽으로 태산泰山을 봉할 것이다" 하니, 김윤신이 괴상히 여겨 다시 물으니, 남사고가 말하기를, "내년에 저절로 알 것이다" 하였다. 태산이란 곧 태릉을 말한 것으로 문정왕후가 그 이듬해에 돌아가서 태릉에 장사 지냈다. 우리나라에도 이러한 사람이 있었으니 기이한 일이다….

선조 때의 문신 신흠의 『상촌잡록象村雜錄』에 있는 기록이다. 남사고는 문점文占, 글자 점을 잘 쳤는데, 한 번은 이산해가 안현과 낙봉을 가리키며 문점을 쳐 보라고 말했다.

"훗날 조정에 반드시 동서의 당이 있을 것인데 낙駱이란 각마各馬니 그 끝에 가서는 각각 흩어질 것이요, 안鞍이란 변혁變革한 뒤에 편안便安할 것이다. 또 안현은 성 밖에 있으므로 그 당이 때를 놓침이 많을 것이나, 반드시 시사時事의 변혁을 말미암고서 흥할 것이지만 끝내 반드시 져버릴 것이다."

남사고가 단숨에 안현과 낙봉을 한지에 쓰고서 말했다.

"하하하! 그것은 모두 파자破字가 아니오?"

선조 때 문장팔가로 명성을 떨치고 영의정을 지낸 이산해는 남사고의 말을 귓가로 흘려들었다.

그러나 남사고의 예언대로 서당西黨, 서인은 때를 놓치는 일이 많다가, 심의겸의 무리가 공헌왕恭憲王, 명종이 왕위에 오름으로 인하여 흥하였고, 정철의 무리가 역적 정여립의 변란 탓에 흥하였으며, 윤두수의 무리가 임진년에 파천하는 변란을 만남으로 인하여 흥하였으며, 또 몇 사람이 선조가 즉위함으로 인하여 초년부터 흥하였다.

동당東黨, 동인은 갈라져 남인, 북인 대북, 소북 등으로 파당을 이루다가 조정에서 밀려났다.

"사직동에 왕기가 있으니, 태평의 군왕이 그 방에서 나리라."

남사고가 사직동을 지나다가 예언을 했다. 과연 명종이 죽고 사직동의 잠저潛邸, 임금이 되기 전에 살던 집에 있던 선조가 즉위하면서 그의 예언이 맞아떨어졌다.

"오래지 않아서 반드시 왜변이 있을 것인데, 만일 진년辰年에 일어난다면 그래도 구할 수 있지만, 사년巳年에 일어난다면 구할 수가 없을 것이다."

명종 말년 남사고는 서울에 살면서 판서 권극례에게 예언했다. 남사고의 예언은 임진왜란을 말하는 것이다. 그의 예언대로 일본을 통일한 도요토미 히데요시는 명나라를 치러 가니 길을 빌려달라는 터무니없는 요구를 하면서 대대적으로 조선을 침략했다. 미처 방비를 하지 못했던 조선은 선조 임금이 의주까지 몽진을 가는 등 큰 피해를 당하였으나 7년 동안의 기나긴 항전으로 일본군을 몰아냈다.

남사고가 영천의 인가를 지나다가 흰 구름이 소백산 허리에 가로 걸려 있는 것을 바라보고 기뻐하는 기색이 있으므로 다른 사람이 그 까닭을 물었다.

"이것은 상서로운 구름이나 오래지 않아서 전쟁이 있을 터인데 산 아래에 있는 자는 안전할 것이니, 풍기와 영천은 복지福地가 될 것이다."

남사고가 예언을 했다. 그의 예언대로 임진왜란이 일어나자 풍기와 영천은 조령에서 멀지 않았기 때문에 며칠이면 들이닥칠 수 있었는데도 일본군은 끝내 들어오지 않았다.

"원주 동남쪽에 왕기가 있다."

남사고가 원주를 지나다가 말했으나 사람들은 모두 믿지 않았다. 임진년 여름에 광해군이 왕세자가 된 다음에야 그의 말이 증명되었다. 광해군의 어머니인 공빈의 부모와 그의 선대가 살던 곳이 원주에서 동남쪽으로 30리 떨어진 손이곡孫伊谷이었고, 그들의 무덤도 모두 그곳에 있었다.

"남사고의 예언은 절대로 틀리지 않는다."

사람들은 남사고의 예언이 적중할 때마다 탄복했다.

남사고는 불운하여 참봉 벼슬을 지냈고 후에 천문학 교수를 역임했다. 그러나 명성에 비하면 천문학 교수는 터무니없는 미관말직이었다. 그가 예언가라고 하더라도 경사에 통달한 인물이었기 때문에 방외자의 삶을 살면서 일생을 보낸 것이다.

홍계관

맹인 점쟁이의 시조

남사고처럼 국가적인 운명이나 사회의 큰 변화를 몰고 오는 사람들을 예언가라고 하지만 단순하게 개인의 길흉화복을 점치는 사람들을 복자卜者, 점쟁이라고 부른다. 조선시대 초기 국왕이나 사대부들은 복자에 지대한 관심을 두고 있었다. 이들의 예언이나 술법에 따라 도읍을 정하고 능을 정했다. 왕비를 맞아들이는 국혼에 길일을 잡는 것도 이들의 역할이었다. 주역의 역경이나 음양오행설陰陽五行說이 모두 천문, 풍수지리, 인간의 길흉화복을 다루고 있기 때문에 민간으로 내려오게 되면 신앙이나 다를 바 없었다. 마을마다 무당이나 점치는 사람들이 있을 정도로 광범위하게 존재하고 있었다. 성황당에서는 마을의 안녕을 비는 대동굿을 지내고 사람들이 오가면서 행운을 빌기도 한다. 조선시대 후기에 이르면 복자들의 활약이 더욱 왕성해져 도탄에 빠진 민중을 현혹했다. 이 중에는 맹인 점쟁이나 무당들도 있고 승려들도 있다.

…의술과 복서는 모두 중요한 것으로 의술은 사람의 생명을 구하고 복서는 흉화凶禍를 피해 길행吉行으로 나가게 한다….

이수광의 『지봉유설芝峯類說』에 있는 길행에 대한 기록이다. 그는 점을 치는 일이 나쁜 것에서 벗어나 좋은 것으로 가게 하는 것이라고 보았다. 복자들은 맹인들이 많았다. 19세기 학자 이규경이 쓴 『오주연문장전산고五洲衍文長箋散稿』는 이들 맹인에 대한 이야기가 자세하게 실려 있다.

…우리 국조에 들어와서 맹인 점쟁이에 대해서는, 홍계관洪繼寬, 유은태, 함순명과 합천 맹인 등을 맹인 점쟁이의 시조로 친다. 그들은 항상 산통算筩과 점대를 휴대하고는 서로 지팡이를 짚고 길거리에 다니면서 '신수들 보시오. 문수問數!' 하고 외치는데, 그 소리가 마치 노랫소리와 같아서 사람들이 가만히 앉아서도 맹인이 지나가는 것을 알 수 있다.

『오주연문장전산고』에 있는 것처럼 홍계관은 역사 속 점쟁이들 중 가장 유명한 사람으로 그에 대한 일화가 수없이 많다. 홍계관은 경기도 양주 출신이었다. 그는 유복자로 태어나 어머니의 지극한 보살핌을 받으면서 자랐다. 어머니는 장님인 홍계관이 사람 노릇을 하지 못할까봐 언제나 집 근처에 있는 돌부처에게 치성을 드렸다. 집안이 가난해 이웃집의 허드렛일을 해 주고 얻어 온 음식으로 아들을 키웠다. 홍계관은 눈이 보이지 않았으나 어머니의 지극한 정성으로 무럭무럭 자랐다. 어머니는 홍계관이 장성하자 그가 호구책을 마련할 수 있게 해 주어야겠다고 생각했다. 장님이

하는 일은 길흉화복을 예측하는 일밖에 없었다.

어머니는 홍계관을 이름이 알려지지 않은 술사에게 데리고 가서 점치는 법을 배우게 했다. 눈이 보이지 않을 뿐 총혜영민했던 홍계관은 술사에게 여러 해 동안 점치는 법을 배우게 되었다.

'앞을 못 보는 내가 다른 사람들의 앞일을 내다보는 일이 가능한가?'

홍계관은 술법을 공부하면서도 깊은 회의에 빠졌다. 그러나 앞을 보지 못하는 자신 때문에 항상 노심초사하는 어머니를 생각하자 더욱 열심히 공부를 하지 않을 수 없었다.

"어머니, 제가 돌아왔습니다."

홍계관은 여러 해 동안 공부를 한 뒤에 집으로 돌아왔다.

"그동안 고생이 많았구나. 어디 점을 한 번 쳐 보아라."

어머니가 반갑게 맞아들이고서 말했다.

"어머니의 길흉화복을 알아보겠습니다."

홍계관은 사주로 먼저 어머니의 운수를 살폈다. 어머니는 남자운이 박복하여 초년에 사별 수가 있고 말년에 자식의 효도로 부귀를 누리는 것으로 나와 있었다.

"과연 영험하구나."

홍계관이 운수를 말하자 어머니가 손을 잡고 기뻐했다.

홍계관은 집에 돌아오자 지붕에 하얀 깃발을 내걸고 점치는 일을 시작했다. 그는 술법에 있는 대로만 점을 치는 것이 아니라 손님들의 목소리를 듣고 성격까지 판단하여 점을 쳤기 때문에 사람들이 신통하다, 용하다고 장안에 널리 소문을 퍼트렸다. 홍계관의 점술이 소문이 나자 명사들까지 그를 초청하여 운수를 알아보고는 했다. 당대의 유명한 정치가이자 학자인 상진尙震도 그의 단골이었다. 상진은 명종 때 영의정을 지냈는데 그가 재임하는 동안 황해도 평산 일대에서 활약하던 임꺽정의 난을 평정하고 좌의정 이준경과 더불어 사림을 등용하는 데 힘썼다. 뒤에 영중추부사가 되자 기로소耆老所, 70세가 넘은 정2품 이상의 문관을 예우하기 위해 설치한 기구에 들어가 궤장几杖, 궤와 지팡이을 하사받았다. 상진은 청렴하고 후덕하여 영의정을 5년이나 지냈으나 인심을 잃지 않았다.

누가 둥근 달이 하늘 위에 있다고 하는가
취해서 보니 술잔 안에 달이 있네
잔 들어 마시니 달 또한 내 안에 있도다
안팎의 맑은 빛 서로 좋구나

상진의 맑고 깨끗한 성품을 살필 수 있는 시다. 상진은 자손들에게 자신이 죽은 뒤 비석에 특별하게 쓸 것은 없고 다음과 같이 써넣으라고 말했다.

…만년에 거문고 타기를 좋아하여 얼근히 취하면 감군은感君恩 한 곡조를 타면서 스스로 즐겼다.

감군은이라는 곡은 임금의 은혜에 감사하는 곡이다. 상진은 자신이 살아가는 이유를 임금에게 충성하는 것이라고 말한 것이다.

"내가 언제 죽을 것인가?"

하루는 상진이 홍계관에게 물었다. 홍계관은 상진에게 어느 해에 죽을 것이라고 점을 쳐 주었다. 홍계관의 점괘가 워낙 잘 맞았기 때문에 상진은 그 해가 되자 죽음을 맞이할 준비를 했다. 그러나 홍계관이 예측한 해가 다 가도록 상진은 건강하기만 했다. 홍계관은 이때 호남지방을 여행하면서 한양 소식에 귀를 기울이고 있었다. 그는 자신의 점괘를 확신했기 때문에 상진이 죽었다는 소식을 기다리고 있었던 것이다. 그러나 상진은 그의 점괘대로 죽지 않았다. 홍계관은 자신의 점괘가 한 번도 틀리지 않았기 때문에 괴이하다고 생각하고 한양으로 돌아와 상진을 찾아갔다.

"대감, 제 점괘는 한 번도 틀린 일이 없는데 참으로 이상한 일입니다."

홍계관은 상진이 건강한 것을 보고 고개를 갸우뚱하면서 물었다.

"하하하! 자네는 마치 내가 죽기를 바라는 것 같군."

상진이 허연 수염을 쓰다듬으면서 유쾌하게 웃음을 터뜨렸다.

"당치 않은 말씀입니다. 저는 주역과 천문, 복서를 빼놓지 않고 공부하여 인간의 길흉화복을 알 수 있다고 자부하여 왔습니다. 혹시 대감께서 하늘을 감동시킨 일이 있습니까?"

"내가 어찌 하늘을 감동시켰겠나? 다만 언젠가 대궐에서 숙직을 마치고 퇴궐하던 중 우연히 길에 떨어진 붉은 보자기를 주워 주인에게 돌려준 일이 있네. 그자는 대전 수라간 별감으로 자식의 혼사에 사용하려고 대궐의 기물인 금잔 한 쌍을 잠시 사용하고 되돌려 놓으려다가 분실했다고 하더군. 대궐의 기물을 분실하면 사형을 당하는데 목숨을 구해 주었다고 고마워한 일이 있네."

"대감이 그자의 목숨을 살렸기에 하늘이 수명을 늘려 준 것입니다."

홍계관은 무릎을 치면서 감탄했다. 상진은 그날 이후 15년을 더 살았다고 한다. 홍계관이 단순하게 점을 잘 쳐서 여러 사람의 문헌에 남은 것이 아니다. 그는 당대의 재상인 상진과 교분을 나눌 정도로 학문이 높았고, 점치는 기술을 이용하여 치부하지 않았기 때문에 신망을 얻을 수 있었다.

지금도 비슷하지만 조선시대 맹인들이 할 수 있는 일이라고는 안마를 하거나 점치는 일밖에 없었다. 불의에 실명하게 되면 가족들이 돌보지 않는 한 살아갈 방법이 없다. 맹인들은 생계를 위하여 안마를 하거나 점을 치게 되었던 것이다.

막례

대궐을 농락한 무당

조선시대는 많은 사람이 미신을 믿었다. 의학과 과학이 발달하지 않았기 때문에 초자연적인 현상에 의지했다. 가뭄이 들면 기우제를 지내고 홍수가 나면 임금이 스스로 부덕하다고 자신을 책망하여 하늘의 노여움을 풀려고 했다. 무당은 조선시대 사람들에게 많은 영향을 끼쳤다. 시골에는 마을마다 무당이 하나쯤은 있어서 마을 사람들의 길흉을 점쳐 주고는 했다. 집안에 우환이 있을 때도 점을 쳤고 혼례가 있을 때도 점을 치고 날을 잡았다. 무당은 강신무와 세습무로 나뉘는데 일반적으로 강신무가 영험한 것으로 되어 있다. 강신무는 조상신이나 동자신을 모시는데 사회적으로 크게 위명을 떨친 인물들을 모시는 경우도 적지 않다. 특히 죽음이 억울한 귀신들을 많이 모신다. 동자신 중에 가장 유명한 동자신이 춘추전국시대 진나라 태자였던 신생이다. 신생은 진헌공의 아들로 여희에게 모함을 당해 억울하게 죽는다. 우리나라의 동자신들은 최영장군, 남이장군 등이 가장 유명하다. 이들을 모시는 무당들이 전국에 헤아릴 수 없이 많고 관우를 모시는 무당은 큰무당이다. 이들은 공교롭게도 모두 억울하게 죽어서 귀신이 되었다고 생각하는 사람들이다.

신이 내릴 때 이를 받아들이지 않으면 병을 앓게 된다. 이는 정신적인 문제와도 밀접한 관련이 있다. 신이 내릴 때는 작두 위에서 맨발로 뛰기도 하고 혼령이 씌워 죽은 사람의 목소리로 말을 하기도 한다.

맹인들처럼 길흉화복을 점치거나 조상을 불러내어 굿을 하는 무당들은 때때로 사회적인 문제를 일으키기도 한다. 이들은 자신이 갖고 있는 능력으로 주술을 걸고 저주를 내린다. 대궐에서 일어나는 궁중 암투에는 이러한 저주 사건이 적지 않다.

숙종 10년 2월 21일 무당 막례의 사형을 감면하여 섬으로 유배시킨 기록이 있다.

> …특명으로 요사한 무당 막례莫禮의 사형을 감면하여 유배를 보냈다. 이에 앞서, 유신 박세채가 무녀가 대궐 안에 들어가 기도하고 참람하게 곤복袞服, 임금의 옷을 입은 일 등을 상소하였기 때문에 형조에 명하여 살펴 다스리게 하였고, 그 뒤에 형조판서 윤계가 아뢴 삼퇴신三退神 따위 말을 덧붙여 국문했으나 모두 항변하고 승복하지 않으므로 한 차례 형신하고 유배를 보내라고 명하였다.

막례는 무당이다. 그녀는 장안에서 용하다는 말을 듣게 되자 대궐까지 무시로 출입하면서 비빈들과 어울렸다. 대비가 그녀의 말을 따르고 궁녀들이 수많은 재물을 바치면서 그녀에게 복을 빌었다. 막례는 대궐 안에서도 비빈들처럼 가마를 타고 다니고 비

무당이 신당에 걸었던 상감그림. 가운데가 상감인데, 상감은 무속의 아버지이자
옥황상제의 대행자이기도 하다.

단 옷을 입어 사대부들의 미움을 받게 되었다. 그녀가 임금이 입는 곤룡포를 입었다는 소문이 나돌자 박세채가 마침내 이를 탄핵한 것이다.

숙종은 무당 막례가 대궐을 출입하는 것을 금지하지 않은 죄로 내시 신담申潭의 벼슬을 삭탈했다.

…무녀가 궁 안에 들어와 제사를 지내고 귀신에게 빈 것은 참으

로 놀랍고 또 지극히 불경하므로 형장을 맞다가 죽더라도 아까울 것이 없기는 하나, 어리석고 무지한 것이 남의 병이 낫기를 빌다가 죽었다고 스스로 생각한다면 또한 좋지 못한 일이 될 것이다.

숙종은 승정원에서 올린 청을 단호하게 거절했다. 실록의 기록에 의하면 숙종 때 이미 조선은 점치고 굿을 하는 일이 하나의 풍습을 이루어 시정의 미천한 백성과 여러 궁가宮家에서 이를 숭상하는 일이 적지 않았다. 무당, 점쟁이, 술객術客, 여승 따위가 궁궐까지 드나들며 점을 치고 굿을 했다.

그렇다면 무당 막례가 지은 죄는 무엇인가.

숙종이 두창을 앓을 때에 조정이 근심하여 어쩔 줄 몰랐다. 이때 돌아가신 대비는 지극한 정성으로 병을 근심하여 무엇이고 극진히 하지 않은 것이 없었기 때문에 무녀 막례를 대궐에 불러들였다.

"대왕께서 편찮으시니 소찬을 드셔야 합니다."

막례가 대비에게 아뢰자 대비가 여느 때에 먹던 음식을 줄였다. 그뿐 아니라 막례의 요구에 의해 찬물로 목욕하고 기도를 하기까지 했다. 그 덕분인지 알 수 없으나 숙종의 병은 나았으나 얼마 지나지 않아 대비가 갑자기 병을 얻어 죽었다. 이에 막례의 말을 듣고 옥체가 손상되어 갑자기 승하하시게 되었다는 것이 대신들의 주장이었다. 숙종은 처음에는 그런 일이 없다고 하였으나 조정의 대신들이 여러 번 쟁론하자 부득이 유배를 보내게 되었던 것이다.

무당 막례는 억울한 측면이 있다. 그러나 막례의 사건이 있었는데도 불구하고 장희빈은 폐비되었다가 다시 대궐로 돌아온 인현왕후를 무당과 함께 저주하다가 발각되어 결국 사약을 받고 죽는다.

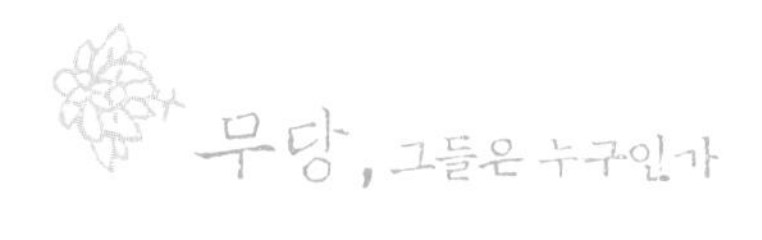

무당은 맹인 점쟁이들과 함께 백성의 길흉을 점치고 원혼을 달래거나 원귀를 쫓는 일을 하기 때문에 경외의 대상이었다. 맹인 점쟁이들이 고을마다 있듯이 무당 또한 고을마다 있었다. 점쟁이들은 점괘가 맞지 않으면 그만이지만 무당은 귀신 들린 사람에게서 원귀를 쫓아내거나 당골이 증오하는 상대방을 저주하는 일도 했기 때문에 종종 사회적인 문제를 일으켰다. 많은 사람이 무당을 찾아와 점을 치고, 무당에게 굿을 하지만 가까이하려고 하지 않는다. 맹인 점쟁이들과 마찬가지로 무당들도 백성보다 더 낮은 신분으로 천민 취급을 받았다.

조선은 유교를 국시로 삼으면서 사대부들이 이를 배척하게 되었다. 국무당國巫堂은 나라무당, 나라만신이라고 하여 고려시대부터 국가가 관리했는데 명산대천에서 왕실의 축복을 기원하거나 기우제와 왕비나 대비들의 무제巫祭를 집전했으며 무속신앙의 뿌리 깊은 전통으로 인해 궁중에 무당이 계속 출입했고 음성적으로 인정했다. 대궐에서는 많은 비빈들이 증오하는 상대방의 짚인형을 바늘로 찔러서 마루 밑에 묻어 두거나 인골을 숨기기도 했다.

무당은 팔천八賤의 하나로 여겨 천시했으나 민간뿐만 아니라, 사대부와 궁중에서까지 끈질기게 존속되었다.

제4회

무인
나라를 지킨 시대의 아웃사이더

조선시대는 유교의 영향으로 문文이 무武를 지배해 왔다. 문신들은 서반, 무신들은 동반이라고 하여 잡과로 진출한 의원 출신이나 역관 출신의 당상관들과 함께 문신들에 비해 신분이 낮았다. 전쟁이 일어나더라도 군사를 총지휘하는 도체찰사에는 문신이 임명되었다. 무신들은 혁혁한 공을 세워도 포도대장이나 각 도의 병사兵使에 임명되는 것이 고작이었고 국방을 총괄하는 병조판서에 임명되는 일도 드물었다. 그러므로 조선시대 무인들은 천대를 받았다.

김체건

조선시대 검선

삼국시대는 무武가 나라를 이끌었다. 고구려, 백제, 신라가 치열하게 전쟁을 하고 있었던 탓에 무가 통치의 핵심 수단이었고 무인들이 전면에 있었다. 고려 역시 후삼국시대를 거쳐 개국했기 때문에 태조 왕건부터 군사를 중요하게 생각했다. 고려 중기 한때 문신들이 정권을 장악하고 무신들을 천대하자 이에 대한 반발로 무인들이 난을 일으켜 무신정권이 성립되었다.

고려 말엽 오랫동안 고려를 지배해 온 원나라가 기울어지기 시작하자 고려는 원나라에서 벗어나려는 움직임을 보였다. 중국에서 명나라가 일어나자 원나라는 속국인 고려에 파병을 요청하여 이성계가 5만 대군을 이끌고 위화도까지 갔다가 회군하여 고려를 무너뜨리고 조선을 개국했다. 조선은 명나라에 사대하면서 고려의 지배 이데올로기인 불교를 배척하고 유교를 도입했다. 유교는 무를 억제하고 문文을 숭상했다. 그런 까닭으로 조선에서는 언제나 무인들이 천대를 받았다. 삼국시대부터 당당하게 나라를 이끌었던 무인들이 조선에서는 방외자로 전락했다.

김체건金體乾은 광해군 때에 태어나 인조 11년(1633) 식년시 무과에 급제했다. 이는 김체건이 28세가 되었을 때였다. 김체건의 부친 김형金瑩은 증 병조참판이었고 실제의 관직은 동래 현령이었다.

김체건은 왜관이 가까운 동래에서 일본인들과 잦은 접촉을 할 수 있었다. 임진왜란이 지나간 지 20여 년이 되었으나 조선인들은 결코 그 참혹했던 전쟁을 잊지 않았다. 김체건은 어릴 때 임진왜란의 참혹한 이야기를 들으면서 자랐다. 동래부사 송상현의 장렬한 죽음과 수많은 의병의 활약을 들으면서 호연지기를 키웠다.

'나는 조선 최고의 무사가 될 것이다.'

김체건은 장수들의 무용담을 들을 때마다 그렇게 생각했다. 그리고 학문보다 무예를 익히기 시작했다. 그는 무예의 달인이 있다는 말을 들으면 기필코 찾아가서 배웠다. 검술, 창술, 궁술을 차례로 익힌 김체건은 과거 준비를 하기 시작했다. 조정은 북인을 몰아내고 반정을 일으킨 서인들이 장악하고 있었다.

'과거에 합격하면 벼슬을 할 수 있을 것이다.'

김체건은 장수가 되어 천군만마를 질타하려는 야망에 불타고 있었다. 김체건은 무과에 합격하여 벼슬이 내리기를 기다렸다. 그러나 병조에서는 그에게 벼슬을 내리지 않았다. 사람들이 병조의 높은 당상관에게 뇌물을 바쳐야 한다고 말했다. 김체건은 사람들의 말에 실망했다. 병조에 가서 발령을 내달라고 청했으나 몇 달 만에 군교 자리 하나를 내주었다.

'하늘이 나를 알아주지 않는다고 어찌 하늘을 원망하겠는가?'

김체건은 말단 군교에 지나지 않았으나 무예를 닦는 일에 더욱

〈동래부 순절도(東來府 殉節圖)〉. 임진왜란 직후인 1592년 4월 15일 동래성에서 싸우다 순절한 송상현을 비롯한 백성의 항전 내용을 그린 기록화. 영조 36년(1760) 변박이 다시 그렸다.

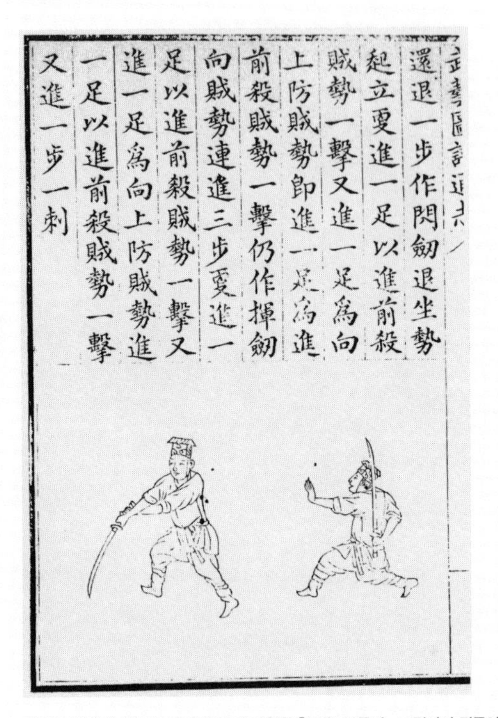
武藝圖譜通志

還退一步作閃劒退坐勢
起立更進一足以進前殺
賊勢一擊又進一足爲向
上防賊勢卽進一足爲進
前殺賊勢一擊仍作揮劒
向賊勢連進三步更進一
足以進前殺賊勢一擊又
進一足爲向上防賊勢進
一足以進前殺賊勢一擊
又進一步一刺

이덕무, 박제가, 백동수 등이 정조 때 편찬한 『무예도보통지』. 그림까지 곁들여 상세하게 설명하고 있다.

정진했다. 김체건이 과거에 합격한 지 불과 3년밖에 되지 않았을 때 병자호란이 일어났다. 청나라군은 파죽지세로 밀고 내려와 조정은 비빈들을 강화도로 피신시키고 인조와 대신들은 남한산성으로 들어가 결사 항쟁을 하기 시작했다. 인조는 남한산성에서 47일 동안 처절한 항쟁을 벌였으나 끝내는 삼전도에서 치욕적인 항복을 해야만 했다. 무과에 합격했으나 말단 군교에 지나지 않았던 김체건은 청나라군과 효과적으로 싸울 수가 없었다. 청나라와 변변하게 전투조차 치르지 못하고 항복한 조정에 김체건은 낙담했다.

'우리나라는 공자와 맹자만을 숭상하여 국난을 만나자 치욕을 당한 것이다.'

김체건은 무력한 조정에 실망하여 군교직을 사직하고 고향으로 돌아갔다. 그는 왜관에 침투하여 왜검을 배웠다. 김체건은 왜검을 배운 뒤에 조선의 유력한 검사들과 비무를 했으나 신통치 않았다. 무언가가 그의 가슴에 채워 지지 않았다.

'왜관에 있는 자들은 하수에 지나지 않는다. 왜검의 정수는 일본에 있다.'

김체건은 일본에 가서 검술을 배워야 한다고 생각했다. 그러나 일본에 가는 일은 쉬운 것이 아니었다. 무엇보다 일본에서 검술을 배우기 위해서는 일본어와 일본 풍습에 능숙하여 일본인처럼 행세하지 않으면 안 되는 것이다. 김체건은 왜관에서도 수년 동안 일본인들과 생활하면서 일본어를 배웠다. 그리고는 왜관에서의 일을 마치고 일본으로 돌아가는 상선에 몸을 실었다.

'망망대해를 건너 일본에 가서 최고의 검술을 배워야 한다. 그렇지 않으면 나는 돌아오지 않을 것이다.'

김체건은 상선의 뱃전에서 하얀 파도를 바라보면서 비장한 결심을 했다. 그의 꿈은 조선 최고의 검객이었다. 일본에 도착한 김체건은 여러 지방을 돌아다니면서 검술을 배웠다. 일본 최고의 검술을 배우려는 그의 의지는 확고했다.

여러 해가 지나자 김체건의 검술은 비약적으로 발전하여 일본에서도 그를 능가하는 무사를 찾기가 어려웠다. 김체건은 조선으

선조 때 영의정을 지낸 서애(西厓) 유성룡이 쓴 『징비록(懲毖錄)』. 유성룡은 임진왜란 야사(野史)를 적어 후일에 교훈을 삼고자 했다. 징비는 과거를 징계하여 장래를 조심한다는 말이다. 국보 132호.

로 돌아와 아들 김광택에게 검술을 전수하기 시작했다. 김체건은 왜검을 자신의 것으로 만들었다. 보세, 수세, 공세의 기본 동작을 하나하나 연구하여 조선 검법을 완성했다. 그의 눈빛은 깊고 우묵하고 걸음걸이는 춤을 추듯이 가벼웠다.

김체건의 검술이 신의 경지에 이르렀다는 소문이 퍼지면서 방외의 검사劍士들이 찾아와 토론하기도 하고 비무比武를 하기도 했다.

> …상(숙종)께서 체건을 불러서 시험하였는데, 체건은 칼을 떨치며 발뒤꿈치를 들고 엄지발가락으로 서서 걸었다….

『무예도보통지武藝圖譜通志』 왜검에 있는 기록이다. 김체건은 보법에서 이미 절정의 검술을 선보이고 있는 것이다.

…재를 땅에 깔고 맨발인 채 두 엄지발가락으로 재를 밟고 나는 듯이 칼춤을 추었다. 그가 지나간 자리에 아무런 흔적이 없었다….

역시 보세步勢에 대한 기록이다.

…체건의 칼춤 실력이 신의 경지에 도달해서 '땅 위에 가득 떨어진 꽃이 쌓인 것처럼 칼에 몸을 숨겨 보이지 않는다….

「김광택전傳」에 실려 있는 이야기다. 김체건의 아들 김광택 역시 뛰어난 검사였다.

인조 19년 김체건은 전라병사에 제수되었다.

효종 5년 3월 4일 김체건은 노량진에서 효종이 지켜보는 가운데 열무閱武를 했다. 효종이 장단將壇에 오르자 중군 김체건이 무릎을 꿇고서 진법에 대하여 아뢰었다. 김체건은 단순하게 검술만을 연구한 것이 아니라 병법에 대해서도 일가를 이룬 것이다.

효종은 금군별장 남두병南斗柄과 조필달趙必達을 불러 은밀하게 지시했다.

"그대들이 만일 마대馬隊를 거느리고 출몰하면서 훈련도감의 진중으로 달려 들어온다면, 그대들의 능력을 알 수 있을 것이다."

남두병과 조필달은 즉시 물러났다가 말을 휘몰아 어전을 향해 내달렸다. 훈련대장 이완이 당황하여 막으려고 했으나 막지 못했다. 효종이 크게 웃으면서 선전관에게 징을 쳐서 물러가게 했다.

김체건은 실록에서 숙종 23년(1697) 1월 10일 운부 역모사건에서 별무사로 등장하고 다시는 등장하지 않는다. 검선劍仙이라고까지 불린 김체건의 활약이 실록에서 두드러져 보이지 않는 것은 여전히 무인들이 시대의 아웃사이더였기 때문이었다.

조선 무인 백동수

김체건은 자신의 무예를 아들 김광택에게 전수했다. 김광택 또한 김체건 못지않게 조선의 무인으로 이름을 떨쳤으나 유본학이 남긴 「김광택전」에 이름이 오른 것이 고작이었다.

백동수白東脩는 조선의 무인으로 일세를 풍미한 사람이다. 간서치 이덕무李德懋의 처남이자 벗이었다. 그는 어릴 때부터 글과 무예를 함께 배웠는데 당대의 석학이라고 불리는 이덕무李德懋, 1741~1793, 박제가朴齊家, 1750~1805, 박지원朴趾源, 1737~1805 등과 오랜 교분을 나누었다. 그러나 이덕무나 박제가 등이 당대의 석학인데도 높은 벼슬에 오르지 못했듯이 백동수 역시 무인으로 일세를 풍미한 사람이었으나 평생 야인으로 살았다. 말년에 이르러 비인 현감과 박천 군수를 지낸 것이 고작이었다. 그는 문인이라기보다 무인이기를 바랐고 정조가 창설한 장용영壯勇營의 장관이었다. 이덕무, 박제가, 백동수 등은 정조의 명을 받아 『무예도보통지』를 편찬했다.

…장용영에 서국書局을 열고 내부內府의 병가류兵家類 20여 부部를 내주어 참고하도록 명하고, 또 이덕무에게는 옛 서고에 비장한 서적들을 열람 참고하도록 하고, 박제가에게는 판하본板下本

을 쓰도록 하고, 백동수에게는 병술을 잘 아는 장용영 안의 장교들과 함께 기예를 살피고 시험하도록 명하였다….

정조의 『홍재전서弘齋全書』에 있는 기록이다.

백동수는 전서篆書와 예서隸書에 능하고 전고典故에도 해박했다. 단순한 무인이 아니라 문인으로도 이미 학자의 경지에 이르렀던 것이다. 그는 말도 잘 타고 활도 잘 쏘아 장용영에서 장관을 지냈으나 정조가 단명하고 장용영이 해체되면서 관직을 잃었다. 비록 시운을 만나지 못해 영달하지는 못했지만 군주에 충성하고 나라를 위해 목숨을 바치려는 생각은 어느 누구에 못지않았다. 그러나 그는 운이 따르지 않아 한량처럼 지내는 일이 많았다.

백동수는 자신의 불운을 탓하지 않고 천하를 주유했다. 하루는 금천의 한 골짜기가 산세가 수려하고 풍광이 그윽하여 연암협燕巖峽이라고 이름 짓고 박지원에게 천거했다. 백동수가 입이 마르도록 칭찬을 하자 박지원도 호기심이 동하여 따라갔다. 산은 깊고 길이 험난해 종일을 가도 사람 하나 만날 수 없었다. 둘이서 갈대밭에 말을 세우고 서서 채찍으로 높은 언덕배기를 가리키면서 농을 했다.

"저기에다 뽕을 심어 울타리를 세울 만하군. 갈대를 불사르고 밭을 일구면 한 해에 조 천 석은 건을 걸세."

"그렇다면 한 번 불을 놓아 화전을 개간할까요?"

백동수가 웃으면서 시험 삼아 부시를 쳐서 바람을 따라 불을 놓아 보았다. 꿩이 놀라 푸드득 날아오르고 작은 노루가 그들 앞에

튀어나와 빠르게 달아났다. 백동수가 팔을 걷어붙이고 뒤쫓아 가다가 시냇물에 막혀 돌아와 마주 보고 웃었다.

"백 년도 못 되는 인생을 어찌 답답하게 목석과 함께 살며 조 농사나 지어 먹고 꿩 · 토끼 사냥이나 하는 자로 지내겠는가."

박지원에게 세상을 등지고 은거하라면서 연암협을 천거하던 백동수가 도저히 한양에서 살아갈 수가 없어서 강원도 기린협麒麟峽에서 살려고 송아지 한 마리를 끌고 낙향했다. 그 고장엔 소금과 메주도 없고 산아가위 열매나 돌배로 장을 담가 먹어야 한다. 그 험하고 궁벽하기가 전날의 연암협에 비교할 수가 없어서 박지원이 탄식했다.

"나 자신도 이럴까 저럴까 망설이면서 아직 거취를 결정하지 못하고 있으니 백영숙이 떠나가는 것을 감히 만류하겠는가. 나는 그의 결심을 장하게 여길지언정 그의 곤궁함을 슬퍼하지는 않을 것일세."

박지원은 기린협으로 들어가는 백동수에게 글을 써 주었다.

"나의 벗 영숙 백동수는 재주와 기량을 자부하며 30여 년 세월을 살아왔다. 그러나 지금껏 곤궁함을 벗지 못하고, 세상에서도 제대로 대우받지 못하고 있다. 이제 그 벗이 생계 탓에 부모님을 모시고 깊은 골짜기로 떠나려고 한다. 우리 우정은 곤궁함으로 맺어졌고 가난함으로 채워졌다. 나는 그래서 너무나도 슬프다. 비록 그러하나 우리 사귐이 어찌 곤궁한 시절의 우정에서 그칠 수 있겠는가? 나의 벗 영숙이여! 아무런 미련 두지 말고 떠나시오. 나는 지난날 궁색함과 가난함 속에서 친구의 도리를 얻었소. 그러니 나와 영숙이 어찌 궁색하고 가난한 시절에 사귀었던 벗에 불과하겠는가?"

당대의 명문장가인 박제가도 백동수가 낙향하는 것을 보고 편지를 써서 위로했다.

이덕무는 「야뇌당기野餒堂記」에 백동수를 자세히 묘사했다.

…야뇌는 누구의 호인가? 나의 벗 백동수의 자호自號이다. 내가 영숙을 보매 기위奇偉한 선비인데 무엇 때문에 비이鄙夷하게 자처하는가? 나는 이 까닭을 알고 있다. 대저 사람이 시속에서 벗어나 군중에 섞이지 않는 선비를 보면 반드시 조롱하기를,
"저 사람은 얼굴이 순고하고 소박하며, 의복이 시속을 따르지 아니하니 야인野人이로구나. 언어가 질박하고 성실하며 행동거지가 시속을 따르지 아니하니 뇌인餒人이로구나" 한다. 그리하여 드디어는 그와 함께 어울려 주지 아니한다. 온 세상이 모두 이러하니 이른바 야뇌라고 하는 자도 홀로 행하여 다난하고 세상 사람들이 자기와 함께 어울려 주지 않는 것을 탄식하여, 후회해서 그 순박한 것을 버리거나 부끄러워하여 그 질실質實, 꾸밈없고 진실함한 것을 버리고서 점차로 박한 것을 좇아가니 이것이 어찌 진정한 야뇌이겠는가? 참으로 야뇌스러운 사람은 또한 볼 수 없다. 영숙은 고박古樸하고 질실한 사람이라 차마 질실한 것으로써 세상의 화려한 것을 사모하지 아니하고, 고박한 것으로써 세상의 간사한 것을 따르지 아니하여 굳세게 우뚝 자립해서 마치 저 딴 세상에 노니는 사람과 같다. 그러므로 세상 사람 모두가 비방하

고 헐뜯어도 그는 조금도 야野한 것을 뉘우치지 아니하고 뇌한 것을 부끄러워하지 아니하니 이야말로 진정한 야뇌라고 이를 수 있지 않겠는가?
내가 집을 종남산 아래로 옮기자, 영숙 세 종형제가 찾아오다가 골짜기가 깊어서 길을 잃고 돌아갔다. 영숙은 나에게 절구 한 수를 보내어 서글퍼하는 뜻을 보였으므로 나는 즉시 차운하여 보낸 것이다.

花泛溪流出澗遲
吾家易識水邊扉
山靈却訝塵間客
故使雲深失路歸

낙화 뜬 시냇물 느릿느릿 흐르는데
물가에 사립문이 있으니 내 집은 찾기 쉽다
속세의 나그네라 산신령이 의심하여
일부러 길을 잃고 돌아가게 한 거라네

이덕무가 백동수에게 보낸 시로, 참으로 아름다운 시구가 아닐 수 없다. 백동수는 세상을 뒤흔들 학문과 무예를 갖추었으나 끝내 아웃사이더로서의 삶을 살아야 했다. 18세기에 수많은 지식인이 주류에 편입되지 못하고 국외자의 삶을 산 것은 시대의 불운이라고 할 수밖에 없다.

조선의 무인, 그들은 누구인가

무인들은 병기를 다루고 전쟁을 하는 사람들이다. 국난을 당하면 이런 사람들이 절대적으로 필요하지만 평화로울 때에는 불필요한 존재가 된다. 조선은 독특한 병제를 갖고 있었다. 도성 주위에는 군대가 주둔하지 않고 대개 변방에 약간의 군대가 주둔했을 뿐이었다. 가장 강력한 군대로는 중앙군인 오위도총부五衛都摠府가 있었으나 여러 대를 거치면서 유명무실한 기관이 되었다. 1466년(세조 12)부터 오위도총부는 중위中衛인 의흥위義興衛, 좌위左衛인 용양위龍 衛, 우위右衛인 호분위虎賁衛, 전위前衛인 충좌위忠佐衛, 후위後衛인 충무위忠武衛가 있었으나 임진왜란과 같은 국난을 맞이해도 효과적으로 대처하지 못해 훈련도감과 여영청 같은 새로운 기관으로 대체되었다.

이는 오위도총부의 조직이 약했기 때문이 아니라 조선이 숭문억무崇文抑武의 정책을 실시했던 탓에 사람들이 무를 배우려고 하지 않았기 때문이었다. 이러한 시대적 분위기로 무인들은 궁핍한 삶을 살았다.

조선을 건국한 사람들은 무인들이었다. 태조 이성계는 동북면의 무장이었고 그 아들 태종 이방원을 비롯해 세조까지도 활을 잘 쏘고 말을 잘 탔다. 그러나 조선을 건국한 이후 나라가 안정되면서 무보다 문을 중시하게 되었다. 문신들이 조정의 전면에 포진하면서 무예를 하는 일까지 수치스러워하는 풍조가 유행하기 시작했다.

우리나라는 무반 재상武班宰相들도 모두 칼 차는 것을 부끄럽게 여겨서, 심지어 거둥(幸行)할 때에도 별배(伴人)들을 시켜 칼을 차게 하니 이것은 중국과 매우 같지 않다. 대저 칼을 차는 것은 단지 응변應變하자는 것만이 아니고 의식을 위한 것이니, 집현전 관리들은 옛 제도를 상고하여 아뢰라.

1432년 세종이 내린 영이었다. 이 기록에서 알 수 있듯이 세종조로 내려오면서 무장들은 칼을 차는 것을 부끄럽게 여겨 하인들에게 칼을 가지고 다니게 했다. 세종시대 집현전 학사들이 정치의 주류로 등장하자 많은 선비들이 집현전에 들어가기 위해 공부했고 무신들은 점점 소외되었다.

제5회

내시
왕의 남자, 왕의 그림자

내시內侍는 조선시대 대궐에서 주로 잡무를 보던 관직이다. 비록 종2품의 품계까지 올라갈 수 있었으나 정치에 참여하는 것은 엄격하게 금지되었다. 내시들의 업무는 대궐의 음식물 감독, 왕명 전달, 궐문 수직, 청소 등의 잡무였다. 그러나 국왕과 비빈들을 보좌하는 관리로서의 자질 향상을 위해 사서와 소학, 삼강행실 등을 교육받아야 했고, 매달 고강考講, 시험을 치렀다. 고강에서는 통通, 약통略通, 조통粗通, 불통不通 등의 성적 평가를 받아 고과의 기준이 되었다. 또한 내시는 왕의 측근으로서 궐내에 상주해야 하는 특수성 때문에 거세자만이 임명되었다.

서득관

유부녀를 간통한 내시

내시는 거세를 한 사람들인데도 때때로 사랑에 휘말린다. 어릴 때 자의든 타의든 고자가 되어 내시가 되면 평생을 대궐에서 왕명을 전하고 비빈들의 심부름, 청소 따위의 허드렛일을 하면서 지낸다. 그러나 거세를 했어도 사지 육신은 멀쩡했다. 게다가 내시가 되려면 많은 공부를 했기 때문에 학문도 만만치 않았다. 내시가 되어 정식 품계를 받으면 녹봉도 받고 왕을 지척에서 모신다. 왕의 그림자에 지나지 않아도 권세는 하늘을 찌를 만하다. 그런 까닭에 내시들에게 유혹의 손길이 그치지 않았다. 뇌물이 바리바리 들어오고 조정 대신들이 허리를 숙인다. 그러나 내시는 남자의 구실을 할 수 없다. 사회적으로 인간 이하의 경멸을 받지만 인간이기 때문에 오욕칠정에서 벗어날 수는 없다.

연산군 때의 내시 서득관. 어릴 때에 대궐에 들어와 중관이 되었다. 내시들도 각각의 소임이 있는데 서득관은 잠실蠶室을 담당하게 되었다. 왕실에서 누에를 치는 것은 단순하게 비단을 짜기 위해서가 아니다. 왕비들은 나라의 국모이기 때문에 만백성의 모범을 보이기 위해 현숙하고 덕성이 높아야 한다. 남자가 밖에서 일하는 동안 안에서 덕이 있는 부인의 모습을 보이려고 왕비들은 해마다 뽕을 따고 누에를 치는 행사를 한다.

서득관은 왕실 공식 행사인 친잠親蠶을 위해 뽕나무를 재배하고 누에를 치는 잠실의 감독관이었다. 누에를 치는 잠모蠶母들 중에 아름다운 여인이 있었다. 뽕을 따고 누에를 치는 일을 감독할 일은 별로 없다. 서득관은 하루하루가 무료하고 따분했다. 잠모가 누에를 치는 것을 기웃거리기도 하고 소쿠리에 뽕을 가득 따면 남자의 처지라 소쿠리를 들어주기도 했다. 그러자 잠모가 얼굴을 붉히면서 수줍어했다. 그 태가 여간 고운 것이 아니었다. 비록 내시라고 하지만 여인네의 고운 태에 춘정이 동하지 않을 수 없었다.

친잠은 국가의 행사였다.

친잠은 하루 전에 액정서에서 임금의 대차大次를 근정전에, 소차小次는 사정전에, 악차幄次는 강녕전에 설치하는데, 모두 남향으로 한다. 왕비의 차次는 제단祭壇 서북쪽에 남향으로, 소차는 채상단採桑壇 길에 서남향으로 설치하는데, 모두 남쪽 근처에 서향으로 한다. 대가大駕가 궁을 나서면 백관이 맞이하여 대가를 따르며, 임금이 대차에 평상시의 의식대로 들어간다. 그날은 병조에서 왕비의 장위仗衛를 의식대로 베풀고 사복시 관원이 합외閤外에 연輦을 올린다. 장악원에서 전부 고취前部鼓吹를 의식대로 하고, 궁을 나갈 시각에 이르면 왕비가 여轝, 임금의 친지들이 타는 탈 것를 타고 나가는데, 산선繖扇 시위는 평상시의 의식대로 한다. 흥화문興化門 밖에 이르면 시위와 백관이 국궁鞠躬, 존경하는 뜻으로 몸을 굽힘하고, 다 지나가면 평신平身, 몸을 그 전대로 폄하여 차례로 시위侍衛, 임금을 모시어 호위함한다.

광화문光化門 밖에 이르면 먼저 가 있던 백관이 동서로 나누어 차례로 서고, 왕비가 이르면 국궁하고 지나가면 평신하며, 왕비는 평상시의 의식대로 차로 들어간다. 시각에 이르면 작헌례酌獻禮 및 친잠 진하례陳賀禮, 조현 행례를 상시의 의식대로 한다. 대가와 거가의 환궁은 올 때의 의식대로 한다. 환궁할 시각이 되면 왕비의 시위 백관이 광화문 밖의 시립하는 자리로 나가는데, 동서로 나누어 차례로 선다. 왕비가 여를 타고 나가면 산선 시위는 평상시의 의식대로 한다. 광화문 밖에 이르면 시위 백관이 국궁하고, 지나가면 평신하여 시위한다. 홍화문 밖에 이르면 먼저 가 있던 백관이 국궁하여 의식대로 지영하고, 올 때의 의식대로 환궁한다.

연산군은 친잠이 끝나자 중외에 교서를 반포했다.

"농사짓고 누에 치는 일은 천하의 큰 근본이요, 백성이 힘입어 생활하는 것이다. 그런데 근본을 힘쓰는 자는 항상 적고, 끝을 따르는 장사는 항상 많으니, 진실로 인군仁君, 어진 임금이 몸으로 시범하여 백성을 의식의 근원으로 인도하지 않으면 백성이 장차 권면할 바를 알지 못하여 본업이 황폐해질 것이다. 그러므로 옛날 어질고 밝은 제왕들이 농상農桑을 급무로 하지 않는 이가 없어, 천자는 친히 밭 갈아 천하의 농부를 권장하고, 황후는 친히 누에 쳐 천하의 여공女工을 솔선하였다.

무릇 내가 이런 일을 하는 것이 어찌 겉치레만 하여 아름다움을 한때에 자랑함이겠는가? 다행히도 우리 백성이 보고 느끼며 일어나 근본에 종사하고 끝을 버리며 밭갈이와 누에 치기에 부지런하여 부유하고 번성해지는 효과를 거둔다면 훌륭한 일이 아니겠는가? 아아! 몸소 밭 갈고 친히 누에를 쳐 너희를 후생厚生하게 하는 정사를 닦았으니, 남자는 밭을 갈고 여자는 베를 짜서 나의 근본을 힘쓰는 정성에 어긋남이 없게 하라."

잠실은 연산군의 왕비 신씨가 직접 행차하여 뽕을 따고 누에를 쳤기 때문에 지분 냄새로 황홀했다.

서득관은 여인네들의 지분 냄새에 잠을 이루지 못했다. 내시가 되어 대궐에서 생활할 때는 궁중 여인들의 지분 냄새에 무관심했었다. 그러나 비빈과 내명부 외명부들이 다투어 화려하게 성장을 하고 잠실에 나타나자 형형색색의 꽃이 피어난 것 같았다. 친잠 행사가 끝이 나자 잠실에 남은 것은 잠모들뿐이었다.

'아아 저 여인을 안고 싶구나.'

서득관은 내시인 자신의 처지를 한탄했다. 여인을 안은들 무슨 소용이겠는가. 서득관은 자신의 처지가 서러웠다. 그러나 아리따운 잠모에게 향하는 마음은 어쩔 수가 없었다.

'여인을 안기만 해도 소원이 없으리. 내시라고 여인을 안지 못하겠는가?'

서득관은 아리따운 잠모에게 접근하기 시작했다. 처음엔 사람들의 눈치를 살피며 이야기를 나누었고, 나중에는 뽕밭에 깊이 들어가 정을 통했다. 내시와 잠모가 어떻게 정을 통했는지는 알 길이 없다. 사건이 발각되었을 때 화간으로 다스려야 한다고 의금부에서 주장했기 때문에 이들이 간통한 것은 확실하다. 그러나 밀회가 계속되면서 잠모의 남편이 알게 되었고, 남편이 사헌부에 고발하면서 사건이 표면화되었다.

서득관은 공포에 질려 나주로 달아났다.

사헌부가 나주로 달려가 서득관을 체포하고 잠실에서 잠모를 잡아다가 빈청에서 국문했다. 국문은 의금부가 담당했다. 서득관은 처음에 완강하게 부인했으나 형장을 때리면서 가혹하게 고문을 하자 마침내 자복했다. 잠모도 국문을 받고 자복했다.

"서득관에게 곤장 70대를 치고 1년 반 동안 유배를 보내라."

연산군은 처음에 가벼운 형벌을 내렸다. 대궐에서 대식이라는 동성애가 발각되면 처음에는 70대, 두 번째는 1백 대를 때린 기록이 세종 때에 이미 있다.

'내시가 잠모를 간통했으니 용서할 수가 없다.'

연산군은 변덕이 심한 임금이었다. 서득관에게 내린 유배형을 거두고 참부대시斬不待時형을 내렸다. 참부대시는 시간을 지체하지 않고 즉시 목을 베어 장대에 내거는 형이다. 서득관은 목이 베어지고 장대에 머리가 매달렸다.

이내관간잠모죄以內官奸蠶母罪

장대에는 '내관이 잠모를 간음한 죄'라는 판자도 함께 걸렸다. 서득관은 내시였기 때문에 비참하게 죽었다. 거세당한 남자가 여인을 탐했다고 하여 연산군의 미움을 받은 것이다. 대궐에는 많은 내시가 있다. 폭군인 연산군은 홍청방을 설치하고 나서 전국에서 수백 명의 기녀들을 뽑아 주지육림에서 지냈다. 서득관을 엄벌한 것은 대궐에 있는 내시들이 대궐의 여자들에게 접근하지 말라는 경고 같은 것이었다.

김처선

팔다리가 잘리면서도 직언을 한 내시

권력은 항상 이면에서 춤을 춘다. 권력자 그 자신보다도 2인자들이 정국을 농단하고 이끄는 일이 더 많았다. 2인자들이 현명하고 어질면 군주는 성군이 되고 2인자들이 무능하고 권력에 집착하면 군주는 혼군昏君, 어리석은 임금이 된다. 혼군이 나타나면 조정이 부패하고 백성이 도탄에 빠진다. 2인자 중에는 경륜이 높은 재상들도 있으나 왕을 옆에서 시중드는 궁인들과 내시들도 있었다. 문정왕후는 수렴청정하면서 명종시대를 어지럽게 만들었고 명성황후는 고종의 뒤에서 막후정치를 했다. 광해군 때의 개시광해군 때의 특별상궁, 인조반정이 일어나자 처형된다 같은 여자는 상궁에 지나지 않았는데도 조정을 뒤흔들었다.

내시들은 조선시대 왕의 가장 가까운 측근이면서 가장 비천한 자들로 취급을 받았다. 그러나 왕을 곁에서 모시기 때문에 나라에서 받는 녹봉 외에도 대궐에서 소용되는 물품을 사들이면서 비리를 저질렀다. 뇌물을 받아 부유하게 지내는 내시들도 적지 않았다. 내시들에 대해서는 실록에 수없이 등장하지만 충신으로 등장하는 인물은 세종 때부터 연산군까지 7대를 모신 김처선金處善이 유일하다. 물론 조선왕조 5백 년 동안 기록에 남아 있지 않아도 충신이었던 내시들은 많았을 것이다. 그러나 김처선처럼 파란만장하면서도 실록에 많은 기록이 남아 있는 내시는 드물다. 이는 김처선이 그만치 권력의 핵심에서 활약했다는 사실을 의미하는 것이다.

김처선이 언제 태어나고 부모가 누구인지는 기록에 없다. 그러나 실록에 의하면 그는 이미 세종 때부터 내시로 근무했다는 사실을 알 수 있다.

내시부는 약 150명으로 이루어져 있고 경복궁의 영추문 밖에 있다. 대궐에는 내반원이 있어서 각 전의 일을 한다. 내시들의 업무 중에는 밤에 순찰하고 대궐의 문을 잠그고 열쇠를 관리하는 일까지 있다.

내시가 되려면 거세를 해야 하는데 굶주림 때문에 부모에 의해 거세를 하는 쪽과 자연적으로 거세되어 내시가 되는 사람들로 나뉜다. 자연적인 거세는 어릴 때 개에게 물린 경우가 많았다. 어쨌거나 거세를 하게 되면 수염이 나지 않고 여성처럼 목소리가 가늘어지고 가슴과 엉덩이가 커지게 된다.

세종이 죽고 문종이 즉위하면서 조정은 극심한 권력 쟁탈에 휘말렸다. 세종의 큰아들 문종은 허약했고 수양대군과 안평대군은 호시탐탐 권력 찬탈의 기회를 노리고 세력을 끌어 모았다. 여기에 세종이 신임하는 황보인과 김종서는 고명대신으로 문종을 보필하는 한편 막강한 권력을 휘두르면서 수양대군과 안평대군을 견제하고 있었다.

내시들도 수양대군파와 안평대군파로 갈라져 치열하게 대립했다. 젊은 김처선은 수양대군을 위해 궁중의 소식을 전했다. 문종은 김처선을 영해로 유배 보내면서 내시들의 암투를 막으려고 했으나 소용이 없었다.

'문종은 병약하고 세자는 어리다.'

김처선은 영해의 바닷가에서 그렇게 생각했다. 문종이 죽은 뒤에 반드시 정난이 있을 것이라고 예측했다. 김처선은 귀양을 가 있는 동안 많은 책을 읽었다.

문종이 죽고 단종이 즉위했다. 김처선은 귀양이 풀려 내시부로 돌아왔다. 김처선은 왕명을 출납하는 상전 내시 밑에서 일을 했다. 정국은 치열한 권력 투쟁이 벌어지고 있었다. 단종의 위치가 풍전등화처럼 위태로워졌다. 김처선은 수양대군과 안평대군의 압박이 심해지자 어린 임금을 보호하기 위해 전력을 기울였다. 그러나 단종 3년 수양대군이 황보인과 김종서를 제거하는 계유정난을 일으키자 다시 유배를 가게 되었다.

'결국 힘 있는 자가 권력을 장악하는 것인가? 이기면 충신이고 지면 역신이라는 말이 틀리지 않는구나.'

김처선은 허망했다. 그는 멀리 유배를 가면서 어린 임금에게 충성을 바쳤던 일이 부질없는 일이라는 것을 깨달았다. 황보인과 김종서 등을 척살한 수양대군 일파는 기어이 단종을 몰아내고 권력을 찬탈했다.

수양대군은 보위에 올라 정치를 혁신하기 시작했다. 김처선은 사면령으로 인해 유배지에서 방면되어 내시부로 돌아왔다. 황보인과 김종서를 제거할 때는 묵시적으로 동의했던 집현전 학사들은 수양대군이 단종까지 몰아내자 단종 복위운동을 전개했다. 그러나 불행하게도 세조가 장자방張子房, 한나라 고조 유방의 공신인 장량이라고 부르는 한명회에게 발각되어 피바람이 불었다. 성삼문, 이개, 박팽년 등 사육신이 대궐에 끌려와 친국을 당하고 형장의 이슬로 사라졌다. 김처선은 충신들이 속절없이 죽어 가는 것을 보고 비감했다. 그러나 일개 내시인 그가 할 수 있는 일은 아무것도 없었다.

세조는 강력한 왕권을 행사했고 한명회, 신숙주, 권람 등은 나라를 안정시켰다. 집권 초기에 피바람을 일으켰던 세조는 강력한 왕권 중심의 정치를 펼쳐 나갔다. 그러나 태평한 날에도 대궐은 바람 잘 날이 없었다. 세조가 잠저에 있을 때 첩으로 있던 덕중이라는 여인이 대궐에서 외간남자에게 연서를 보낸 일이 발각되었다. 대궐은 발칵 뒤집히고 심부름을 한 내시들이 세조의 영에 따라 몽둥이로 맞아 죽었다.

김처선은 내시부의 책임자로 연루될 뻔했으나 간신히 살아남았다. 세조는 비정한 왕이었다. 세조가 궐 밖으로 나갈 때 김처선이 미처 행렬을 따라가지 못하자 곤장 80대를 때리라는 영을 내렸다.

'내시는 벌레만도 못한 존재인가?'

김처선은 곤장을 맞게 되자 비통했다. 그러나 권력을 찬탈하기 위해 많은 피를 흘린 세조가 죽고 예종이 즉위했다.

'세조는 무서운 임금이었는데 성품이 단정한 그 아드님이 즉위하니 다행한 일이다.'

김처선은 예종이 백성에게 선정을 베풀 것으로 생각했다. 그러

연산군이 주지육림을 베풀었던 향원정. 내시 김처선은 연산군에게 직언을 하다가 비참한 죽음을 맞이한다.

나 예종은 불과 1년도 보위에 있지 못하고 죽었다. 그러자 어린 성종이 즉위했다. 왕대비 정희왕후가 수렴청정했으나 실제로는 인수대비가 막후 정치를 했다. 성종은 세종 못지않은 성군이었으나 대궐에서 후궁들의 암투가 더욱 치열하게 벌어졌다.

윤기현의 딸인 소용昭容, 왕의 후궁에게 내리던 정삼품 내명부의 품계 윤씨는 잉태를 하자 성종에게 왕비로 책봉해 달라고 졸랐다. 성종은 윤씨가 마음에 들었다. 그러나 정 소용과 엄 소용이 인수대비를 등에 업고 음모를 꾸미는 등 반대가 심했다. 김처선은 여인들의 궁중

암투에서 초연하려고 했으나 윤씨가 왕비에 책봉되자 그녀를 돕기로 했다. 정 소용과 엄 소용 등이 인수대비를 비롯하여 조정 대신들의 도움을 받고 있었으나 윤씨는 외로웠다. 혈기왕성한 성종은 윤씨가 아들을 낳았는데도 다른 후궁들을 비롯하여 궁녀들과 방탕한 생활을 했다. 이에 화가 난 왕비 윤씨는 성종의 얼굴을 할퀴는 등 문제를 일으켰다. 정 소용과 엄 소용은 윤씨가 성종을 독살하려 했다고 모함했다.

성종은 대노하여 윤씨를 폐비시키려고 했다. 대신들이 일제히 반대하고 김처선도 반대했다. 그러나 인수대비와 함께 성종은 기어이 윤씨를 사가私家로 내치라는 영을 내리고 윤씨는 어린 왕자를 김처선에게 맡겼다. 김처선은 목숨을 바쳐 어린 왕자를 지키겠노라고 약속했다.

폐비가 되어 사가로 쫓겨난 윤씨는 사약을 받게 되어 피눈물을 흘리며 죽었다. 폐비 윤씨가 사약을 받게 된 것은 정 소용과 엄 소용 편에 붙어 있던 내시가 성종의 명을 받고 윤씨의 사가에 갔다가 그녀가 성종에게 원한을 품고 독설을 내뱉었다는 거짓 보고를 했기 때문이었다.

폐비 윤씨는 사약을 받고 죽었다. 김처선은 어린 왕자가 위험에 빠지지 않게 최선을 다했다. 정 소용과 엄 소용의 음모 속에서도 어린 왕자는 무럭무럭 자라서 연산군이 되었다. 연산군이 보위에 오르던 날 김처선은 자신도 모르게 눈물을 흘렸다.

연산군은 시를 짓고 원로대신들을 예우하는 등 처음에는 선정을 베푸는 것 같았다. 그러나 김일손의 사초가 발견되면서 피바람이 불기 시작했다. 김일손은 김종직의 조의제문弔義帝文을 거론하면서 만고의 충신이라는 말을 했는데 이는 단종에게 권력을 찬탈한 세조를 비판하는 것이었다. 소위 조의제문 파동이 일어난 것이다.

김일손을 비롯하여 수많은 사림파 선비들이 대궐로 끌려와 가혹한 고문을 당하고 처형되었다. 김처선은 원로내시가 되어 사림을 관대하게 용서해 줄 것을 청했다.

"내시 놈이 무엇을 안다고 정사에 참견하느냐?"

연산군이 눈을 부릅뜨고 김처선을 책망했다.

연산군은 점점 폭군이 되어 갔다. 연산군은 장녹수를 총애하고 있었다. 그러나 중전인 신씨에게는 함부로 대하지 않아 정이 두터운 편이었다. 중전 신씨가 해마다 회임을 하고 세자에 이어 왕자를 여럿 생산한 것도 그 까닭이었다.

정국은 살얼음을 딛는 것 같았다. 폐비 윤씨가 사약을 받고 죽은 것을 연산군이 알게 되면 피바람이 불 것이다. 김처선은 폐비 윤씨가 억울하게 죽임을 당한 일이 연산군에게 알려지지 않기를 바랐다. 그러나 임사홍은 권력을 장악하기 위해 폐비 윤씨의 친정어머니 신씨를 찾아 연산군과 대면하게 해 주었다.

외할머니와 외손자의 대면이었다.

신씨는 폐비 윤씨가 사약을 받을 때 입었던 적삼을 연산군에게 내밀었다. 소위 금삼錦衫의 피라는 옷이다. 신씨가 10여 년 동안 부둥켜안고 눈물로 지내 온 적삼이었다. 적삼은 낡아서 만지면 바스러질 것 같았으나 핏자국은 뚜렷이 알아볼 수 있었다. 연산군은 폐비 윤씨의 적삼을 움켜쥐고 또다시 통곡했다.

연산군의 눈은 분노로 충혈되고 가슴은 터질 듯이 부풀었다. 연산군은 그날 밤부터 피바람을 불러일으키기 시작했다. 김처선은 사태가 심상치 않게 전개되자 불안했다.

"밖에 누구 있느냐?"

안에서 천둥을 치는 것 같은 연산군의 노성이 들려왔다.

"소인 대령해 있사옵니다."

김처선이 재빨리 대답하고는 문을 열고 침전으로 들어갔다. 침전에는 익선관을 벗고 상투 차림인 연산군이 신씨 앞에 엎드려 있었다. 김처선이 들어가자 고개를 드는데 얼굴이 눈물로 걸레처럼 젖어 있었다.

"너, 너는 물러가고 윤 내관이 들어오라."

연산군이 김처선에게 영을 내렸다. 김처선이 뒷걸음으로 물러나자 내시 윤영달이 허리를 잔뜩 숙이고 침전으로 들어왔다.

"안양군安陽君 이항과 봉안군鳳安君 이봉을 목에 칼을 씌워 옥에 가두라."

연산군이 윤영달에게 영을 내렸다.

이항과 이봉은 정 소용이 낳은 연산군의 이복형제들이었다. 그러나 윤영달이 미처 명을 받고 물러가기도 전에 다시 영을 내렸다.

"숙직 승지 두 사람이 당직청에 가서 항과 봉을 장 80대씩 때려 외방에 부처하라. 또 의금부 낭청 1명은 옥졸 10인을 거느리고 금호문金虎門 밖에 대령하라."

연산군이 다시 명을 바꾸었다. 윤영달이 달려가다가 되돌아와서 연산군의 영을 받들었다.

"항과 봉을 창경궁으로 잡아 오라."

연산군의 영은 살벌했다. 내금위 무사들이 대경실색하여 연산군의 이복동생들인 이항과 이봉을 잡아 왔다. 한밤중에 영문도 모르고 끌려온 이항과 이봉은 사색이 되어 부들부들 떨고 있었다. 김처선은 이항과 이봉이 침전 앞에 무릎을 꿇고 앉아 있는 것을 보고 비감했다.

"네 어미들이 국모를 시해했다. 너희가 지은 죄를 알고 있느냐?"

연산군이 침전에서 나와 이복형제들을 쏘아보면서 물었다.

"전하, 이 일은 깊이 생각하셔야 하옵니다. 밝은 날 대신들과 의논하소서."

김처선은 연산군의 눈이 흉포하게 광기를 띠자 무릎을 꿇고 빌었다.

"뭣이 어째?"

"전하, 돌아가신 대행왕께서 이 일은 거론하지 말라는 유명이 있으셨습니다. 유념하시옵소서."

"닥치지 못하겠느냐?"

"전하, 대행왕의 유명을 거역하는 것은 불효한 일이옵니다. 미천한 소인의 간언을 들으소서."

"이놈! 천한 내시 놈이 감히 나를 훈계하는 것이냐? 여봐라! 당장 저놈을 끌어내어 장 80대를 쳐라! 머뭇거리지 말고 속히 거행하라!"

연산군의 추상같은 영이 내렸다. 김처선은 전신에 오한이 일어나는 것 같았다. 자신이 아무리 직간을 올려도 분노하지 않던 연산군이 장 80대를 치라는 영을 내린 것이다.

김처선은 내금위 갑사들에게 끌려나가 엉덩이가 찢어지고 살점이 떨어져 나가도록 곤장을 맞았다.

연산군은 신씨의 이야기를 듣고 치를 떨었다. 연산군의 분노가 얼마나 격렬했는지 어명을 여러 차례 바꾸는 모습에서도 엿볼 수 있었다. 김처선에게 장 80대를 때리게 한 연산군도 마음이 편치 않았던 것 같았다.

"죽었느냐?"

연산군은 장을 때리는 내금위에 몇 번이나 내관들을 보내 확인하고는 했다. 연산군은 신씨를 대궐에서 쉬게 한 뒤에 폭음을 했다. 대궐과 조정은 발칵 뒤집혀 있었다. 폐비 윤씨의 죽음에는 정 소용과 엄 소용을 비롯하여 인수대비까지 관련되어 있었고 조정 대신들도 무수히 연루되어 있었다. 날이 밝기가 무섭게 대신들이 모여서 대책을 논의하는 동안 연산군도 대신들을 일거에 쓸어버릴 계책을 세웠다. 대궐에 비상계엄이 선포되고 갑사들이 삼엄하게 대궐을 에워쌌다. 도성을 나가는 문이 모두 닫혀 백성조차 출입을 할 수 없었다. 밤이 되자 대궐은 횃불이 대낮처럼 밝혀지고 국청이 갖추어졌다. 연산군은 정 소용과 엄 소용을 국청으로 끌고 와서 자루에 덮어씌운 뒤에 이항과 이봉을 다시 잡아들였다.

"너희는 똑똑히 들으라. 자루 속에 있는 것들은 대역죄인들이다. 너희가 몽둥이로 이 죄인을 치라."

연산군이 이항과 이봉에게 몽둥이를 주면서 영을 내렸다. 연산군의 눈은 붉게 충혈되고 살기가 번들거렸다. 이항과 이봉은 자루 속에 있는 여인들이 누구인지 몰랐다.

"어서 치라고 하지 않느냐?"

이항과 이봉이 머뭇거리자 연산군이 눈을 부릅뜨고 영을 내렸다.

"예!"

이항이 먼저 몽둥이로 자루 속의 여인들을 내리쳤다. 자루 속에서 여인들이 처절한 비명을 질러댔다. 정 소용과 엄 소용은 비명을 지르다가 혼절했다. 대궐의 궁녀들과 내관들의 얼굴이 하얗게 질렸다.

'자루 속에 있는 분은 어머니가 아닌가?'

이항은 자루 속에서 들리는 비명을 듣고 경악했다. 그는 온몸을 떨면서 몽둥이를 멈췄다.

"너도 치라고 하지 않느냐?"

연산군이 이봉을 노려보면서 언성을 높였다.

"전하, 자루 속에 있는 여인이 누구이옵니까?"

"대역죄인이다. 어서 치라!"

연산군이 이봉을 윽박질렀다.

"전하, 신은 그리 할 수 없습니다."

이봉이 울음을 터뜨리면서 무릎을 꿇었다.

“이 죄인을 치라.”

“못하옵니다. 차라리 신을 죽여 주시옵소서.”

“흥! 그렇다면 내가 칠 것이다.”

연산군은 이봉에게 몽둥이를 빼앗아 자루 속의 여인들을 마구 내리쳤다. 자루 밖으로 피가 흥건하게 흘러내리고 둘러서 있던 궁녀들과 내관들이 공포에 몸을 떨었다. 정 소용과 엄 소용은 연산군에 의해 몽둥이로 맞아 죽었다.

연산군이 폐비 윤씨로 일으킨 피바람은 몇 달 동안 계속되었다. 연산군은 낮에는 국청을 열고 밤에는 주지육림에서 지냈다. 흥청방興淸房을 만들어 전국의 기생들을 뽑아 올려 음란한 행위를 일삼았다.

“흥청방에 들어오지 않는 자는 왕명을 가볍게 여기는 것이다. 흥청방에 들어오지 않으려는 간사한 수작을 부리는 자는 죽여서 시체를 자르고 쪼개라.”

연산군의 봉모부인인 백어니의 종 종가라는 여인은 실성하여 흥청방에 들어오지 않으려다가 연산군으로부터 잔혹한 형벌을 받았다. 종가의 부모는 부관참시되고 형제와 삼촌이나 사촌들은 장 1백 대를 때려서 제주도로 유배 보내라는 영이 내려졌다.

“승지 권균權鈞, 강혼姜渾, 한순韓恂과 이조판서 김수동金壽童, 예조판서 김감金勘에게 명하여 형을 집행하는 것을 감독하게 하라. 무릇 죄인이나 노비로서 공천公賤에 속해 있는 자는 모두 차례로 둘러서서 보게 하고 고척지형刳剔之刑을 가한 뒤에 효수하여 사방으로 시체를 보내게 하라."

고척지형은 시체를 자르고 쪼개는 무서운 형벌이다. 연산군이 처음으로 실시하여 사람들이 공포에 떨고 중국 은허시대의 걸주桀紂, 중국 하나라의 걸왕과 은나라의 주왕을 아울러 이르는 말로 천하의 폭군을 뜻한다라는 손가락질을 받았다. 폐비 윤씨의 죽음을 알게 된 후에 연산군은 더욱 잔혹해져 죄인에게 형벌을 가할 때 교살한 뒤 얼마 있다가 또 목을 베고, 그것도 부족하면 사지를 찢고, 찢고도 부족하면 마디마디 자르고, 배를 가르라는 영을 내렸다. 뼈를 갈아 바람에 날리는 형벌을 내리기도 했다.

연산군의 폭정으로 수많은 희생자가 발생했다. 폐비 윤씨의 사사로 비롯된 연산군의 피에 젖은 학살은 대궐의 궁녀들과 사대부가의 부인들에게도 자행되었다. 사대부가의 여인들이 궁으로 불려 들어가 겁탈을 당하고 저항을 하면 죽임을 당했다.

'이제는 더 이상 두고 볼 수 없다.'

김처선은 연산군의 폭정이 계속되자 치를 떨었다. 조정 대신들은 연산군의 눈치를 살피면서 직언을 하지 않고 영합하여 자리를 보전하려고만 했다.

연산군 10년 7월 16일의 일이었다. 연산군은 장녹수와 홍청방 기생들을 모아 놓고 술을 마시면서 음란한 행위를 일삼았다.

"전하, 어찌 이리 하시는 것입니까?"

김처선은 연산군의 패악한 짓을 보고 있다가 상 위에 있던 술잔을 들어 바닥에 팽개쳤다. 쨍그랑하는 소리와 함께 술잔이 박살나서 사방으로 흩어졌다. 기녀들이 짧은 비명을 지르고 악사들이 연주를 멈추었다. 조정 대신들은 어안이 벙벙한 표정으로 김처선에게 손가락질했다. 연산군은 그때야 광패한 행동을 멈추고 김처선을 쏘아보았다.

"너… 너는… 늙은 내시 놈이 아니냐?"

연산군의 눈에서 살기가 줄기줄기 폭사되었다.

"전하, 소인이 취하였습니다."

김처선은 눈을 지그시 내리감고 낮게 말했다.

"뭐라? 내시 놈이 술을 먹어?"

"전하께서 흥이 도도하신지라 소인 또한 춘정을 이길 수가 없어서 술을 마셨습니다."

"춘정을 이기지 못해? 하하하! 네놈도 계집과 잘 수 있느냐? 계집에게 방사할 수 있느냐?"

연산군이 오만하게 웃음을 터뜨렸다.

"소인이 오늘 술을 마신 것은 전하의 생모이신 회릉마마를 대신하여 전하를 꾸짖기 위해서입니다."

"회, 회릉?"

연산군의 얼굴이 하얗게 변했다. 회릉은 폐비 윤씨의 능을 말한다.

"회릉께서 출궁하시기 전에 소인에게 당부하셨습니다. 어린 원자가 방탕하면 네가 종아리를 쳐서라도 가르쳐라. 원자가 위험하면 네 목을 바쳐라, 이렇게 말씀하시어 소인은 목숨을 걸고 전하를 지켜 드리겠다고 약조를 하였습니다."

장내는 김처선의 말에 숙연해졌다.

"그래서 늙은 내시놈 때문에 내가 살아 있다는 것이냐? 내시놈이 아니면 내가 죽었다는 말이냐?"

"전하, 이게 무슨 광패입니까? 하늘에 계신 열성조에 부끄럽지 않습니까?"

"하하하! 네놈이 죽지 못해 환장했구나."

"전하, 대궐이 주지육림으로 변한 지 오래고 대신들이 수없이 죽어 나갔습니다. 전하께서는 얼마나 많은 사람들을 죽이려고 하십니까? 지하에 계신 회릉마마가 통곡을 하실 것입니다."

"닥쳐라!"

"하여, 회릉마마를 대신하여 전하를 꾸짖겠습니다. 전하께서 원자로 계실 때 소인이 꾸짖지를 않아 전하가 걸주가 되었습니다."

김처선이 갑자기 고개를 꼿꼿이 들고 어깨를 쫙 폈다.

"네 이놈!"

연산군이 눈을 까뒤집고 벼락을 치듯이 호통을 쳤다. 김처선은 연산군의 불을 뿜는 듯한 눈빛에 당당하게 맞서 호통을 쳤다.

"융은 들으라! 너는 만백성의 어버이로서 포악한 행위를 일삼고 있으니 지하에 있는 내가 부끄럽구나. 당장 홍청을 파하고 근신하라!"

전각이 쩌렁쩌렁 울리는 듯한 목소리였다.

"네 이놈!"

연산군이 길길이 날뛰며 김처선에게 달려들어 발길로 내질렀다. 김처선은 향원정 바닥에 꼬꾸라졌다. 연산군이 김처선을 무수히 발로 짓밟았다. 김처선은 피투성이가 되었으나 용서를 빌지 않았다.

"뭣들 하느냐? 이 늙은 놈을 당장 옥에 가두라!"

연산군이 가쁜 숨을 몰아쉬며 영을 내렸다. 내금위 갑사들이 우르르 달려들어 옥으로 끌고 갔다. 김처선은 옥에 갇혀 울었다. 연산군이 당장 그를 죽이지 않은 것이 기이했다. 민심은 흉흉했다. 김처선이 옥에 갇히고 얼마 되지 않았을 때 익명서가 신수영의 집에 던져져 연산군을 더욱 흥분하게 만들었다.

"내의녀 개금, 덕금, 고온지 등이 함께 모여서 술을 마시는데, 개금이 말하기를 '옛 임금은 난시亂時일지라도 이토록 사람을 죽이지는 않았는데 지금 우리 임금은 어떤 임금이기에 신하를 파리 머리 자르듯이 죽이는가. 아아! 어느 때나 이를 분별할까?' 하고, 덕금이 말하기를 '그렇다면 반드시 오래가지 못하려니와, 무슨 의심이 있으랴' 하여 말하는 것이 심하였으나 이루 다 기억할 수는 없다. 이런 계집을 일찍이 징계하여 바로잡지 않았으므로 가는 곳마다 말하는 것이다. 만약 이 글을 던져 버리는 자가 있으면, 내가 '개금을 감싸려 한다' 고 상언上言하리니, 반드시 화를 입으리라."

익명서는 연산군이 사람들의 머리를 파리 머리 자르듯이 자르니 결코 오래가지 못할 것이라는 내용이었다. 연산군은 대노하여 도성의 문을 닫아걸고 포졸들을 동원하여 익명서를 신수영의 집에 던진 자를 잡으려고 했다. 그러나 익명서를 던진 자들은 잡히지 않고 익명서에 이름이 오르내린 사람들만이 혹독한 고문을 받고 섬의 관노로 보내졌다.

김처선은 옥에 갇혀 있다가 연산군 앞으로 끌려갔다.

"네놈이 술에 취해 광태를 부린 것을 아느냐?"

연산군이 김처선을 노려보면서 신문하기 시작했다.

"소인이 어찌 광태를 부렸다고 하십니까? 전하께서 종친들과 대신들 앞에서 기녀를 희롱한 것을 잊으셨습니까?"

김처선은 이미 죽음을 각오한 듯이 단호하게 대답했다.

"이놈! 네놈이 정녕 술에 취해 망발을 부린 것이 아니냐?"

"당치 않은 말씀입니다. 소인은 회릉마마를 대신하여 전하를 꾸짖었습니다. 전하께서 저 포악한 걸주와 무엇이 다릅니까? 충신의 뼈를 갈아서 바람에 날리는 고척지형을 행하고 승지들에게 처형하는 모습을 지켜보게 한 것이 과연 어진 군주의 일입니까? 또한 전하는 불효하였습니다. 대비전을 핍박하여 강상의 죄를 범했습니다."

김처선의 목소리는 낮았으나 태산처럼 위엄이 있었다. 강상의 죄는 윤리에 대한 죄로 10악태죄에 해당된다.

"닥쳐라!"

연산군이 두 눈에 핏발을 세우고 전신을 부르르 떨었다.

"전하, 지금도 늦지 않았습니다. 회개하고 선정을 베푸십시오."

"네놈이 군주를 능멸했으니 죽어 마땅하리라!"

연산군이 갑사의 칼을 빼앗아 높이 치켜들고 김처선을 향해 달려왔다. 김처선은 두 눈을 부릅뜨고 연산군을 쏘아보았다. 연산군의 칼이 허공에서 번쩍하더니 김처선의 왼쪽 어깨를 내리쳤다. 김처선은 이를 악물었다. 어깨에서 비릿한 핏줄기가 확 뿜어지면서 팔이 잘려 나갔다. 김처선은 눈앞이 캄캄해져 왔으나 쓰러지지 않았다. 팔이 잘린 어깨에서 피가 분수처럼 흘러내렸다.

"네 이놈!"

연산군의 칼이 다시 허공에서 춤을 추었다. 김처선은 눈앞이 흐릿해져 오면서 쿵 하고 쓰러졌다.

"저, 전하…."

김처선의 숨이 완전히 끊어진 것은 일각이 완전히 지나서의 일이었다. 김처선을 살해한 연산군의 몸도 온통 피투성이였다.

"이놈을 일으켜 세워라."

연산군은 김처선의 팔다리를 베고도 분이 풀리지 않았다. 김처선을 일으켜 세우게 한 뒤에 가슴을 향해 활을 쏘아댔다.

"신하가 임금을 섬김에는 그 정성과 공경을 다하여야 하거늘, 요사이 간사한 내시 김처선이 임금의 은혜를 잊고 변변치 못한 마음을 품고서 분부를 꺼리고 임금을 꾸짖었으니, 신하로서의 죄가 무엇이 이보다 크겠느냐? 개벽 이래로 없었던 일이다!"

연산군은 내시 김처선을 몸소 살해한 뒤에 어제시御製詩를 내렸다.

백성에게 잔인하기 내 위 없건만

내시가 난여를 범할 줄이야

부끄럽고 통분해

바닷물에 씻어도 한이 남으리

김처선이 살던 집은 포악한 임금이 헐어서 연못을 팠다. 김처선의 양자 공신까지 참형에 처하고 부모와 가족들은 모두 귀양을 보냈다. 김처선과 같은 이름을 모두 고치라는 영을 내렸다. 심지어 일력 중에 처서處暑는 처자가 김처선과 같다고 하여 조서徂暑로 바꾸라는 영을 내리기까지 했다.

김처선의 팔다리를 자르고 화살로 몸통을 꿰뚫은 임금은 인조반정이 일어나 연산군으로 강봉되고 강화도 교동으로 귀양을 갔다가 반정 세력에 의해 독살당해 죽었다.

"중전 신씨가 보고 싶구나."

연산군은 죽기 전에 그 말을 남겼다고 했다. 그의 아들들도 모조리 사사되었다. 연산군과 함께 주지육림에서 세월을 보냈던 장녹수와 요사스러운 여인들도 참형에 처해졌다.

내시는 정식 품계를 갖고 있는 관리이기도 하지만 가장 지엄한 신분인 왕과 비빈들을 위하여 존재하는 사람들이었기 때문에 노예나 다를 바 없었다. 사대부들이 내시를 지칭할 때는 으레 '천한 내시'나 '환자宦者들 무리'라고 하여 노예처럼 취급했다. 그러나 내시는 거세를 당해 숙명적으로 남자 구실을 할 수 없었으나 품계를 받은 정식 내시가 되기 위해서는 철저한 수습 과정을 거치고 중관이 될 때까지도 계속 월과를 보았다. 조선시대 문서를 다루는 관리들도 월과를 보고는 했는데 내시도 다르지 않았다. 내시는 신분적으로 천민 취급을 받았으나 상당한 지식을 갖고 있었다. 세조가 후궁의 연애편지를 배달한 두 내시를 질책하면서 '조금 지식을 갖고 있는 자들'이라고 말한 데서도 그들의 지식 수준을 알 수가 있다.

내시는 대부분 하급 관리들이다. 국가에서 녹봉을 받고 조정 대신들로부터 뇌물을 받기 때문에 부유한 자들도 적지 않았다. 내시가 중관이 되면 대궐 밖 사저에서 출퇴근한다. 집에는 부인과 양자, 그리고 종들을 둔다.

내시의 부인들은 정상적인 부부 생활을 할 수가 없어서 바람을 피우게 된다. 사대부 중에 한량 생활을 하는 자들은 내시가 대궐에 들어가 근무를 하는 동안 내시의 아내와 동침을 하고, 과거를 보는 선비들은 내시의 아내와 정을 통해야 급제를 한다는 소문이 퍼져서 종종 내시의 집에 침입하여 문제를 일으키기도 한다. 이는 내시에게 팔려 간 여인들의 원을 이루어 주어 그 음덕으로 과거에 급제한다는 잘못된 미신 때문이다.

한번 내시가 되었다고 평생 내시 생활을 해야 하는 것은 아니다. 어떤 이유로든지 궁에서 나온 내시들은 같은 내시들과 어울려 산다. 세상의 손가락질을 받다 보니 같은 처지의 내시들이 어울려 사는 것이다. 인덕원 등에는 내시 마을이 있어서 내시 생활을 그만둔 내시들이 모여 살기도 했다.

내시들의 꿈은 임금을 도와 이상향을 건설하는 것이다. 스스로는 결코 앞에 나서서 정치할 수 없어서 임금의 그림자가 되어 임금을 모시고 정치를 했다.

> …김옥균 등이 생도生徒 및 장사壯士를 동원하여 내시 유재현柳載賢을 앞 대청에서 죽이게 하였다. 상께서 연거푸 '죽이지 마라! 죽이지 마라!'고 하교하시는 말씀이 있기까지 하였으나, 명을 듣지 않았다. 이때 상의 곁에는 김옥균의 무리 십수 인만이 있었는데, 상이 행동을 자유로이 할 수 없게 하였다.

이는 1884년 김옥균 등이 갑신정변을 일으켰을 때 내시 유재현이 그들에게 연금되어 있는 고종과 명성황후를 구하려고 하자 김옥균이 생도와 장사를 시켜 베어 죽인 일을 실록에 기록한 것이다. 이는 김옥균의 저서 『갑신일록甲申日錄』에도 상세하게 나와 있다.

일본군과 청나라군과 교전이 벌어졌을 때는 내시들이 고종을 등에 업고 달리기도 했다.

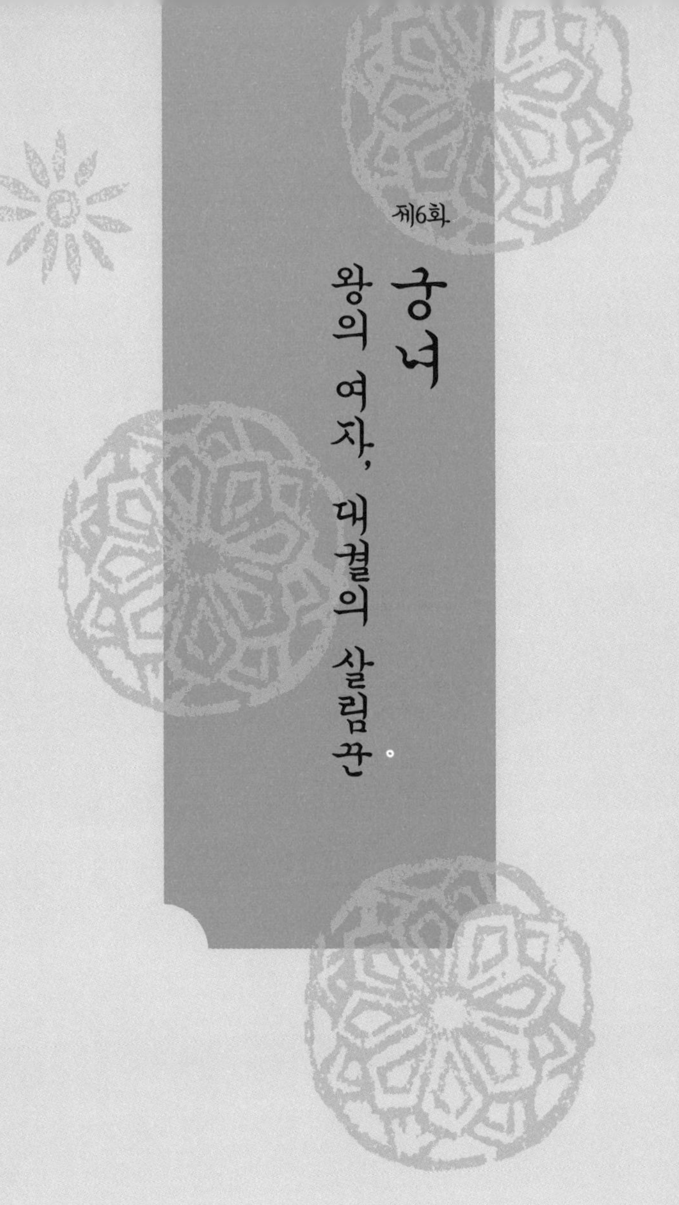

第6回

궁녀

왕의 여자, 대궐의 살림꾼

조선시대 대궐에는 내명부를 총괄하는 왕비를 비롯하여 여러 명의 후궁과 왕의 모후인 대비, 선왕의 후궁들, 세자빈과 세자의 후궁들인 승휘를 제외하고도 약 5백 명에 이르는 궁녀들이 살고 있었다.

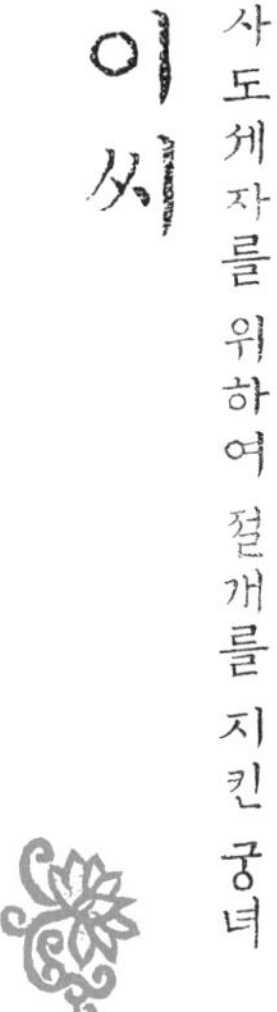

대궐은 정식 품계를 받은 궁녀들과 허드렛일을 하는 방자, 무수리, 정식 궁녀가 되기 전의 어린 궁녀들까지 그야말로 여성 천하였다. 무수리들은 대궐 밖 사가에서 출퇴근하면서 잡일에 종사했고 방자들은 정식 궁녀들의 여종이었다. 7, 8세의 어린 나이에 궁에 들어와 정식 품계를 받은 궁녀들은 나라에서 품계와 녹봉까지 받고 공식적으로는 왕이나 세자의 여자였기 때문에 밖으로 나갈 수도 없고 결혼을 할 수도 없었다. 그녀들은 오로지 왕과 세자만 바라보고 살아야 했다. 어쩌다가 왕이나 세자의 눈에 띄어 승은을 입게 되면 특별상궁이 되고 자녀를 낳으면 정식으로 후궁의 첩지를 받았다. 그러나 수백 명의 궁녀가 모두 승은을 입을 수 없었기 때문에 평생을 처녀로 늙어 죽는 일이 허다했다. 그러다 보니 궁녀들 사이에 동성애 사건도 벌어지고 내관이나 별감과 간음을 하는 사건도 일어났다. 동성애를 하다가 발각되면 곤장 70대를 맞지만 간음을 하게 되면 사형에 처했다.

궁녀들은 품계를 받으면 전에 소속된다. 수라간, 세답방 등에 소속되어 일을 하는가 하면 대비전, 왕비전 등에 소속되어 명을

구중궁궐. 정식 궁녀들은 불과 6~8세의 어린 나이에 대궐에 들어가면 첩첩의 담장에 둘러싸여 죽을 때까지 나올 수가 없었다.

전달하고 출행할 때 전도를 한다. 동궁이나 후궁에 소속된 궁녀들도 마찬가지다. 궁녀들은 자신들이 모시는 상전인 대비, 대전, 왕비, 세자 등의 처소에 소속되었다가 상전이 불행을 당하면 같이 불행을 당하게 된다. 궁녀라는 신분의 한계 때문에 상전의 명령에 죽고 살아야 한다.

광해군이 서인을 경계하기 위하여 영창대군을 역모로 몰아 죽이고 인목대비를 서궁에 유폐시켰을 때 그녀들이 당한 핍박은 이루 헤아릴 수가 없었다.

숙종은 인현왕후 민비를 폐위시켰다가 다시 복위시키는 과정에서 많은 궁녀를 죽였다. 인경왕후로 책봉되었다가 희빈으로 강등당한 장희빈이 인현왕후를 모해했다고 하여 장희빈을 따르던 수

많은 궁녀를 국문하고 사형에 처했다.

인조는 '역강의 옥사'와 관련하여 세자빈 강씨를 따르는 궁녀들을 친국하고 살해했다. 그러나 일개 궁녀에서 왕의 승은을 입어 부와 명예를 누리는 여인들도 있다. 숙종은 무수리 최씨에게 승은을 내린 일이 있는데 그녀의 아들이 훗날 영조가 되어 보위를 잇자 대비가 되는 영광을 누리기도 했다.

궁녀들은 많은 교육을 받는다. 궁녀 중에는 언문뿐 아니라 진문眞文, 한문을 읽어 사서오경을 줄줄이 외는 궁녀들도 적지 않았다. 여자들에게 한문을 가르치지 않던 조선시대에 궁녀들은 지식인이라고 불릴 만했다. 그러나 궁녀들은 왕의 여자라는 인식 때문에 한 번 궁에 들어오면 죽을 때까지 궁에 있어야 했고 남자의 사랑을 받지 못하고 죽는 궁녀들이 많아 음원陰怨이라는 말까지 생겼다. 음원은 여자의 한이라는 뜻이다.

태종 14년(1414) 6월 6일 가뭄이 극심하자 세자 양녕대군이 입시하여 아뢰었다.

> …근자에 가뭄이 심한 것은 궁녀들의 원한이 하늘에 사무쳤기 때문입니다. 원컨대, 궁녀로 하여금 돌아가면서 입시하게 하여 남녀의 정을 다하게 하면 저절로 화기和氣에 이르러서, 가뭄의 재해를 그치게 할 수 있을 것입니다.

세자 양녕이 아뢴 말로 가뭄이 궁녀들이 남자를 가까이하지 못해 원한이 쌓였다는 것이다.

> …옳다. 음양이 조화를 이루어야 하는데 그렇지 못하니 어찌 원한이 없겠는가. 하늘의 재앙을 피하는 데는 궁녀들이 원한을 갖지 않게 하는 것도 중요하다.

태종은 번을 정해 궁녀들에게 입시하게 했다. 세자 양녕대군도 동궁으로 돌아와 동궁 소속의 궁녀들을 번을 정해 입시하게 했다. 태종과 양녕대군이 3교대로 각각의 궁에 있는 궁녀들을 번갈아 입시하게 했다는 기록이 실록에 나오는데 기막힌 일이 아닐 수 없다.

궁녀들이 입시했다는 것은 임금과 세자에게 얼굴을 보였다는 뜻이다. 얼굴을 보였다고 궁녀들의 한이 풀릴까. 지금 판단으로는 도무지 납득이 가지 않는다.

풍류에 밝은 세자 양녕이었으니 단순하게 입시만 하게 한 것이 아니라 시침侍寢을 들게 했을 것이다. 많은 궁녀 중에 일부만 시침을 들게 되었지만 그런 기회를 갖는 것조차 쉽지 않았기 때문에 태종과 세자 양녕은 은혜를 내린 것으로 생각한 것이다.

성군이라고 불리는 세종은 궁녀들에게 유독 잔인한 임금이었다. 세종 26년(1444) 10월 14일 수강궁의 시녀와 방자 등 85인을 의금부에서 국문하게 했다. 수강궁은 세종이 아버지 태종을 위해 창덕궁 동쪽에 지은 궁전이다. 부마 권공에게 시집간 옹주는 태종

궁인의 소생이었다. 옹주가 몸종 고미를 데리고 수강궁에 들어갔는데 고미가 담을 넘어서 달아나 한양과 외방으로 널리 수색하여 잡아서 옥에 가두고 다스렸다. 이 옥사에 걸려든 자가 무려 1백여 명이 되었는데 경복궁 밀실에 가두고서, 진양대군 이유, 광평대군 이여, 금성대군 이유와 좌부승지 황수신에게 명을 내려 신문하게 했다.

"궁녀로서 외인과 밀통한 자가 누구인지 실토하라!"

세종은 궁녀들이 외간 남자와 정을 통한 것으로 의심하여 가혹하게 고문을 했다.

죄 없는 자는 놓아 보내고 죄 있는 자를 의금부에서 조사했다. 그러나 몇백 번이나 매를 때려도 자백하지 않고 압슬형壓膝刑, 무릎에 가한 혹독한 고문까지 가했는데도 실토하지 않았다. 세종은 궁인이 혹 담을 넘어 외인과 사통하지 않았나 의심하여 궁녀들을 가혹하게 조사했던 것이다. 1백여 명에 이르는 궁녀들이 매일같이 경복궁 밀실에서 고문을 당했다. 그러나 겨울에서 봄까지 조사를 했는데도 진실을 밝히지 못했다.

세종의 공연한 의심으로 꽃다운 청춘의 궁녀들이 억울하게 모진 고문을 당한 것이다.

궁녀들의 삶은 겉보기와 달리 신산辛酸, 힘들고 고생스러움하다. 어릴 때 대궐에 들어와 좋은 옷을 입고 맛있는 음식을 먹지만 노예나 다를 바 없는 삶을 살아야 한다. 왕이나 세자의 눈에 띄어 부귀와 명예를 누리는 여자들은 극히 일부에 지나지 않는다.

사도세자는 영조의 두 번째 아들이다. 영조는 첫 번째 아들이 죽자 애통해 하다가 둘째 아들이 영빈 이씨에게서 태어나자 애지중지했다. 그러나 세월이 흐르면서 아들을 엄격하게 교육하려는 영조와 세자 사이에 극심한 알력이 벌어졌다. 여기에 영조의 총애를 받은 문 소용이 사도세자를 모함하면서 영조는 사사건건 세자를 질책하기 시작했다. 호랑이 같은 아버지로부터 매일같이 꾸중을 듣게 된 세자는 급기야 우물에 뛰어들어 자살하려는 소동을 벌이는가 하면 옷을 갈아입지 못해 궁녀와 환관을 마구 베어 죽일 정도로 광포해졌다.

궁녀 이씨李氏는 그런 사도세자를 보고 마음이 아팠다.

'저하께서 곤욕을 당하시니 이를 어쩌면 좋아?'

이씨는 사도세자가 영조에게 꾸중을 들을 때면 발을 구르면서 안타까워했다. 사도세자가 울 때면 망극하여 치맛자락으로 눈물을 찍어내면서 같이 울었다. 이심전심이랄까. 어느 해부터인지 사도세자는 이씨가 자신을 유난히 아낀다는 사실을 알게 되었다. 사도세자는 이씨를 불러서 이야기를 하고 이씨의 무릎을 베고 잠을 잤다.

사도세자는 부인인 혜경궁 홍씨를 어려워했다. 혜경궁 홍씨는 영조가 총애하고 그녀의 부친 홍봉한은 영조에게 절대적인 신임을 받고 있었다. 천덕꾸러기 아들 취급을 하는 자신과 처지가 전혀 달랐다.

"아바마마가 또 언제 꾸중을 하실꼬?"

"전하께서는 부친이신데 어찌 아들을 꾸중하오리까?"

"아니다. 아바마마께서는 하루도 나를 야단치지 않는 날이 없다."

"마음을 편히 가지소서. 속에 화기火氣가 있습니다."

"화기라고 했느냐?"

"저하께서 불같이 노하시고 열이 오르는 것은 가슴 속에 심화心火가 있기 때문입니다."

"허면 어찌해야 심화를 다스리겠느냐?"

"마음을 고요히 해야 하옵니다."

"네 말이 옳다."

사도세자는 이씨와 함께 있으면 마음이 편안했다. 이씨가 없으면 가슴이 뛰고 불같은 열기가 뻗쳐올랐다. 급기야 사도세자는 영조를 시해할 것이라는 흉언을 했다고 하여 고변이 되었다. 노론의 사주를 받은 나경언이 상소를 올리면서 조정은 발칵 뒤집혔다.

"변란이 코앞에 있게 되었으니 마땅히 친국하겠다."

영조가 즉시 태복시太僕寺에 나아가 국청을 설치하자 시임 대신 홍봉한, 윤동도와 원임 대신 신만 등이 입시했다. 남태제를 지의금知義禁으로 삼아 판의금 한익모, 동의금 윤득양, 문랑問郎 홍낙순 등 8인과 함께 죄인을 국문하였다. 나경언이 옷솔기에서 흉서를 내놓았다.

"이 글을 전하께 올리고자 하였으나 올릴 수가 없어서 우선 형조에 고하였습니다."

영조는 흉서를 읽다가 말고 이마를 치면서 괴로워했다.

"이런 변이 있을 줄 염려하였었다."

영조는 영의정 홍봉한에게 읽도록 했다.

"신이 청컨대 먼저 죽고자 합니다."

홍봉한이 울면서 흉서를 읽고는 아뢰었다.

"신 역시 보기를 청합니다."

윤동도도 아뢰었다.

"경 또한 보라."

영조의 영이 떨어지자 윤동도가 흉서를 읽고 탄식했다.

"오늘날 조정에서 사모紗帽를 쓰고, 띠를 맨 자는 모두 죄인 중의 죄인이다. 나경언이 이런 글을 올려서 나로 하여금 아들의 과실을 알게 하였는데 여러 신하 가운데는 이런 일을 나에게 고한 자가 한 사람도 없었으니 나경언에 비해 부끄럽이 없겠는가?"

액정서 별감의 형인 나경언은 사도세자의 허물 10여 조條를 낱낱이 고했는데 문장이 격렬하여 소름이 끼쳤다.

"이 글을 두어서 어디에 쓰겠습니까? 청컨대 불태우소서."

홍봉한이 아뢰자 영조는 태우라는 영을 내렸다. 나경언의 흉서가 태워진 까닭에 어떤 내용이 적혔는지 지금으로서는 자세하게 알 수가 없다.

"네가 나라를 위해 이처럼 진달하였으니, 그 정성은 가상하다. 그러나 처음 올린 글에 뜬소문을 만들어 사람을 악랄한 역적으로 모함하였고, 또 '변란이 호흡 사이에 있다'는 등의 말로 임금을 놀라게 하여 궐문까지 호위하게 하고 도성이 들끓게 하였으니 이후

불궤不軌, 반역을 꾀함한 무리가 다시 네 버릇을 본받게 될 것이다."

영조는 고변자 나경언에게 곤장을 때리라는 영을 내렸다.

한참 후에 세자가 입笠과 포袍 차림으로 들어와 뜰에 엎드렸는데 영조가 문을 닫고 한참 동안 보지 않으므로 승지가 문밖에서 아뢰었다.

"네가 왕손王孫의 어미(사도세자의 후궁 임씨)를 때려죽이고, 여승을 궁으로 들였으며, 평안도에 가서 유람했는데 이것이 어찌 세자로서 행할 일이냐? 사모를 쓴 자들은 모두 나를 속였으니 나경언이 없었더라면 내가 어찌 알았겠는가? 왕손의 어미를 네가 처음에 매우 사랑하여 우물에 빠지려고까지 했는데, 어찌하여 마침내는 죽였느냐? 그 사람이 아주 강직하였으니 반드시 네 행실과 일을 간諫하다가 이로 말미암아서 죽임을 당했을 것이다. 또 장래에 여승의 아들을 반드시 왕손이라고 일컬어 데리고 들어와 문안할 것이다. 이렇게 하고도 나라가 망하지 않겠는가?"

영조가 대노하여 사도세자를 책망했다. 사도세자가 분함을 이기지 못하고 나경언과 면질面質하기를 청하였다.

"이 역시 나라를 망칠 말이다. 임금을 대리하는 세자가 어찌 죄인과 면질해야 하겠는가?"

"이는 과연 신의 본래 있었던 화증火症 때문입니다."

사도세자가 마침내 울음을 터뜨렸다.

"차라리 발광을 하는 것이 낫지 않겠는가?"

영조는 사도세자가 자신의 후궁 임씨를 죽인 사실을 인정하자 노기가 충천하여 미쳐 버리는 게 낫다고 책망했다. 사도세자는 눈앞이 캄캄해져 밖으로 나와 금천교禁川橋 위에서 대죄하였다.

사도세자는 끝내 영조의 명에 의해 뒤주 속에 갇혔다가 죽게 된다. 사도세자의 죽음은 정치적으로도 큰 사건이었으나 궁녀 이씨에게도 청천벽력과 같은 일이었다. 오로지 세자에게 정을 주고 살았던 여인이었다. 언젠가는 승은이 내릴 것을 고대하면서 살았는데 사도세자가 덧없이 죽은 것이다.

사도세자의 부인 혜경궁 홍씨는 사가에 나가서 살게 되었다. 동궁에서 사도세자를 받들던 궁녀들과 환관들은 소속이 바뀌어 다른 처소로 옮기거나 대궐에서 축출당했다.

궁녀 이씨는 도성 서대문 밖의 초가에서 살게 되었다. 그런데 문제는 궁녀 이씨의 살아가는 방식이었다. 조선이 내외를 하는 시대이기는 했지만 이씨는 자신을 사도세자의 여인으로 치부했다. 남편이 죽으면 죄인이 되어 소복을 입고 살아가는 여자들이 많았다. 그녀는 자신의 얼굴을 일체 가꾸지 않았다. 흐트러진 머리에 더러운 얼굴로 문밖을 나가지 않고 한 노파에게 의지해 살았다.

"저 집에 살고 있는 소복 입은 여인은 대체 누구야?"

동네 사람들이 모두 수상하게 여기면서 수군거렸다. 궁녀 이씨에 대한 소문이 날개를 달고 널리 퍼졌다. 이에 한성부 관령이 포졸들을 이끌고 그 집으로 갔다. 그러자 노파가 나와서 관령을 맞이했다.

"안에 있는 여인은 무엇을 하는 여인인가?"

관령이 노파에게 여인의 정체를 묻자 궁인이라고 대답했다. 관령은 한성부 판윤에게 보고하고 한성부 판윤이 정조에게 보고했다. 정조가 감찰상궁을 보내 어떤 여인인지 알아보라고 지시했다.

"저 방 안에 있는 여인은 내 이종 조카다. 나는 일찍 과부가 되어 궁중에 들어가 일을 했는데, 조카도 그때 나이 10여 세에 역시 나를 따라 궁궐에 들어가 사도세자를 모셨다. 그 뒤 얼마 안 되어 나와 조카는 궁 밖으로 나와서 살게 되었다. 소천어동小川魚洞에서 이리로 이사온 지 10여 년이 되었다. 조카는 임오년(사도세자가 죽은 해)부터 죽기로 작정하고 스스로 폐인이 되어 세수도 하지 않고 빗질도 하지 않으면서 항상 이불로 몸을 감싸고 방 안에서 떠나지 않았다. 사람의 얼굴도 보지 않고 해도 보지 않으며 심지어 대소변을 보기 위해서 문밖에 나간 일도 없고, 개 10여 마리를 길러 도둑을 막았다. 이웃집에 불이 나 불길이 집으로 번졌으나 그래도 누워서 일어나지 않으므로 이웃 사람들이 감동하고 기특하게 여겨 다투어 불을 꺼서 죽지 않았다. 지금 나이 45세인데 머리가 이미 백발이 다 되었다. 조카와 내가 내력을 밝히지 않아서 사람들은 나를 조카의 어미로 의심할 뿐 감히 말하지 못하니, 이는 내 죄다."

노파가 감찰상궁에게 여인에 대해서 설명했다. 노파의 설명에 의하면 궁녀 이씨는 사도세자를 모신 것이 분명하다. 그러나 사도세자의 처지가 궁 안에서 사면초가에 몰리고 있었기 때문에 누구에게도 말하지 못하고 그가 영조에 의해 죽자 궐 밖에 나와 살았다는 것이다.

"혹여 내가 아는 사람인지 모르니 그 여인을 만나게 해 주시오."

감찰상궁은 크게 감동하여 노파에게 말했다.

"전하의 명을 받고 다시 오면 만나 주겠지만 그렇지 않으면 반드시 만나지 않으려 할 것이다."

노파가 냉정하게 잘라 말했다. 감찰상궁은 잡초가 허리까지 자란 마당을 살핀 뒤에 대궐로 돌아와 정조에게 보고했다.

"과연 그러한 일이 있었는가. 이는 고금에 다시없는 일이다."

정조는 그 이야기를 듣고 사초에 기록하라는 영을 내렸다. 산발하고 더러운 옷을 입고 있는 여인은 한낱 궁녀에 지나지 않았으나 사도세자의 여자라고 하여 스스로 절개를 지키려고 했던 것이다. 정조는 아버지 사도세자에 대해 비통한 기억을 갖고 있었다. 그가 11살의 어린 나이였을 때 사도세자가 대처분을 받았고 그는 할아버지 영조에게 아버지를 살려달라고 몸부림을 치면서 울었었다. 그 생각을 하자 궁녀 이씨가 가여우면서도 보상을 해 주고 싶었다.

"경들은 들으라. 나는 궁녀 이씨에게 정문을 세워 표창하고 싶은데 예법상 과연 어떠하겠는가?"

정조가 대신들에게 물었다.

"이는 뛰어난 행실입니다. 그 집과 마을에 정문을 세우는 것을 그만둘 수 없겠습니다."

좌의정 채제공이 아뢰었다.

"이 일은 민간의 일과 달라서 정문을 세우는 것은 가볍게 의논하기 어렵습니다."

예조 참판 이홍재, 참의 서매수가 아뢰었다. 예조는 열녀나 절부, 효자 효녀에 대해서 표창을 하는 부서다. 그러나 궁녀 이씨가 딱히 사도세자의 여자라는 증거가 없어서 정문을 세우는 일이 어렵다고 주장한 것이다.

한성부 좌윤 홍명호, 우윤 이정운 등은 채제공의 말처럼 특별히 정문을 세우자고 요청했다.

"정문을 세우는 것은 충신과 열녀에게만 해당되니 이 두 경우에 주는 칭호를 무턱대고 주기는 마땅치 않다. 단지 아무개의 집이라 써서 그 마을에 들어가고 그 문전을 지나는 사람들이 아무개가 사는 곳임을 알게 하면 이것으로 될 것이다. 수칙守則이란 것이 있으니, 이것으로 칭호를 내려야겠다."

정조는 예조에서 반대하자 정문을 세우는 것을 보류하고 대신 영을 내려 궁녀 이씨의 오두막집 앞에다 문을 만들고 '수칙이씨지가守則李氏之家'라는 편액을 달도록 했다. 이어 전관銓官에게 명하여 정청을 열어 작위를 봉하되 단망으로 추천하고 그 품계는 종2품에 해당하도록 하였다. 또 호조의 당상관과 한성부윤에게 명하여 몸소 편액을 다는 일을 감독하게 하고, 쌀과 비단과 돈을 넉넉히 주어 생활에 보탬이 되도록 했다. 얼마 후에는 다시 소천어동小川魚洞에 집을 사 주고 문액門額을 옮겨 세우게 했다.

정조의 이러한 영은 아버지 사도세자에 대한 지극한 효성에서 나온 것이기는 하지만 당시 올곧은 궁녀의 세계가 어떤 것인지 살필 수 있는 대목이다. 궁녀는 자기가 모시던 상전을 위하여 절개를 지켜야 했다는 사실을 엿볼 수 있다. 당시로는 아름다운 일로 칭송을 받았으나 오늘의 관점에서 보면 안타까운 일이 아닐 수 없다.

귀열
사랑이 죄가 되어 참수형을 당한 궁녀

궁녀들을 사랑할 수 있는 사람은 오직 단 한 사람의 남자 국왕뿐이다. 그러므로 평생을 대궐 안에서 왕의 사랑을 고대하면서 늙어 간다. 그러나 여인이 어찌 돌아보지도 않는 남자를 기다리면서 평생을 살아갈 수 있겠는가. 궁녀 이씨 같은 여인은 시대의 요구에 순응하여 세수조차 하지 않고 머리를 빗지 않고 폐인이 되어 살아갔으나 많은 궁녀가 동성애를 하거나 한숨을 쉬면서 긴긴 밤을 외롭게 보냈다.

현종 때 왕대비전에 귀열貴烈이라는 궁녀가 있었다. 귀열은 어릴 때 대궐에 들어와 아기 나인 시절을 마치고 관례를 올리고서 정식으로 품계를 받고 왕대비전에 소속이 되었다. 왕대비전의 궁녀는 임금도 함부로 대하지 않는다. 대궐의 주인이 임금이고 안주인이 왕비이기는 하지만 왕대비는 임금의 할머니이다.

현종 때의 왕대비는 인조의 계비인 자의대비 조씨였다.

귀열은 왕대비 조씨를 모시면서 한가한 날을 보냈다. 그러자니 자연히 남자에 대한 생각이 많아졌고 왕대비의 허락을 받아 사가로 출궁하는 일이 많았다.

귀열의 사가에는 언니와 형부인 서리胥吏 이흥윤李興允이 그녀의 부모와 함께 살고 있었다. 대궐에서 남자들이라고는 내시와 별감

대궐에 즐비한 궁녀들의 처소. 왼쪽이 명성황후 민비의 침전인 옥호루이고 오른쪽이 궁녀들의 처소다.

들만 보던 귀열에게 이홍윤은 비록 형부였으나 그를 볼 때마다 눈이 부시고 가슴이 설렜다. 귀열에게 이홍윤은 형부이기에 앞서 건장한 남자였다. 그녀는 사가에 출입할 때마다 대궐의 귀한 음식을 몰래 가지고 나와 언니와 이홍윤의 환심을 샀다.

귀열은 언니가 병으로 죽자 더욱 자주 사가 출입을 했다. 그녀의 핑계는 언니의 아이들을 돌본다는 것이었으나 사실은 형부인 이홍윤을 몰래 만나고 싶은 욕망 때문이었다.

이홍윤은 중인이지만 관아의 서리였다. 액정서 별감들과 어울려 왈자 생활을 했다. 기원에 드나들며 술을 마시고 투전판을 쫓아다니는 한량이었다. 일반인들과 달리 여자 후리기를 좋아하고 기생 치마폭에 휘감겨 살았다. 대궐에서 곱게 자란 귀열을 만날 때마다 춘정이 동했다.

귀열은 꽃다운 이팔청춘을 대궐에서 보내고 성년이 되어 있었다. 꽃으로 치면 만개하여 바람이 불지 않아도 저절로 꽃잎이 떨어지는 농익은 여인이었다. 형부와 처제의 사이였다. 난봉꾼과 무르익은 여인은 따로 수작질을 하지 않고도 남녀상열지사를 엮었다. 그들의 수상한 행각을 먼저 알아차린 것은 부모였다. 그러나 부모는 자식을 고발할 수 없었다.

귀열은 궁녀였다. 이흥윤과 귀열은 자신들의 밀애가 발각되면 죽음을 면치 못한다는 것을 알았으나 정염은 더욱 무섭게 타올라 여러 차례 정을 통하여 임신을 하게 되었다.

"아아, 이 일을 어찌합니까?"

귀열은 공포에 질려 이흥윤에게 호소했다.

"어찌되었든 떼어야지."

이흥윤이 매정하게 귀열에게 말했다. 귀열은 뱃속의 아이를 떼어내기 위해 간장을 마시고 비탈에서 구르기도 했으나 아이는 떨어지지 않았다. 이흥윤은 귀열의 배가 점점 불러오자 서리를 사직하고 달아나 버렸다. 귀열은 임신한 것을 들키지 않으려고 조심했다. 그러나 임신 7개월이 되자 배가 유난스럽게 불러 걸음을 걷기도 쉽지 않았다.

"귀열이 아이를 가졌어."

"설마? 귀열이 어떻게 애를 갖는다는 말이야?"

궁녀들이 수군거리고 감찰상궁에게까지 알려졌다. 감찰상궁이 귀열의 옷을 벗겨 임신한 것을 확인하고 아이의 아버지가 누구인지 추궁했다. 그러나 귀열은 입을 다물고 실토하지 않았다.

"궁녀가 임신하고도 사내놈이 누구인지 실토하지 않는다는 말이냐?"

현종은 귀열이 임신했다고 하자 내수사에 가두라고 명을 내렸다. 귀열은 결국 내수사에 갇힌 상태에서 아들을 낳고는 형부 이홍윤과 정을 통했노라고 실토했다.

"형조에서 법을 적용하여 처형하라."

현종이 형조에 영을 내렸다. 형조는 현종의 영을 받자 법률을 검토하여 교수형에 처해야 한다고 아뢰었다.

"궁녀가 간음한 것은 교형이다. 그러나 임금을 속인 죄는 어떤 율로 다스려야 하는가? 하나의 죄도 교형인데 두 개의 죄를 범했으니 마땅히 참형에 처해야 할 것이다."

현종은 형조에서 올린 교형에 대한 죄안을 반려하고 참형에 처하라고 영을 내렸다. 형조는 법리 논쟁을 치열하게 벌였다. 임금이 참형에 처할 것을 요구했으나 궁녀의 간음에 대한 법조문은 교형이었다. 법조문을 무시하고 참형에 처하는 것은 법조문을 위반하는 것이었다. 형조는 법을 적용하여 교형에 처하는 것이 마땅하니 참형을 거두어 달라고 청했다.

현종은 즉시 형을 집행하라고 영을 내렸다.

"법을 한 번 잘못 적용하면 뒤에도 이러한 폐단이 계속될 것이니 형조의 주장대로 교형에 처하는 것이 옳습니다."

승정원에서도 참형을 집행하는 것보다 교형을 집행하는 것이 법에 맞는다고 주장했다.

"간음은 교형이다. 그러나 임금을 속인 죄가 있지 않으냐?"

현종은 승정원의 주청조차 듣지 않고 속히 참형을 집행하라는 영을 내렸다. 귀열은 결국 형부인 이흥윤을 사랑했다가 망나니에 의해 목이 잘리는 참수형에 처해졌다.

귀열의 아버지 광찬光燦과 어미 숙지淑只도 역시 사실을 알고도 알리지 않았다는 이유로 아울러 형신을 받고 귀양을 갔다. 이흥윤은 일찌감치 달아나서 포졸들이 전국을 수색했는데도 잡지 못했다.

현종이 귀열의 참형을 강력하게 지시한 것은 궁녀는 자신의 여자라는 인식을 갖고 있었기 때문이었다.

궁녀의 일생

궁녀는 일반적으로 비빈, 왕비와 후궁들을 제외한 대궐에서 사는 여인들을 일컫는다. 왕비나 세자빈은 대부분 간택 절차를 걸쳐 책봉한다. 그러나 일반적인 궁녀, 내명부에서 품계와 녹봉을 받은 궁녀들은 철저한 교육에 의해 양성된다. 『대전회통大典會通』에는 궁녀란 궁중여관의 별칭으로 상궁 이하의 궁인직에 종사하는 여인들을 일컫는다고 명시되어 있다. 상궁은 정5품이 가장 높고 종9품이 가장 낮다. 물론 이들은 정식 궁녀들이다.

궁녀가 아니면서도 일반적으로 통칭 궁녀로 불리는 여인 중에는 무수리, 비자, 방자가 있다. 무수리는 각 처소에서 잡일을 하는 여인들로 대부분 혼례를 올린 여인들이 출퇴근하면서 일을 했다. 그녀들의 허리에는 대궐을 출입할 때 사용하는 패가 매어져 있다.

비자는 상궁의 하녀들이다. 무수리들이 결혼한 아낙네들이라면 비자는 결혼하지 않은 처녀로 상궁 처소에서 숙식을 같이하며 여종의 일을 한다. 각심이라고도 불리는 방자는 상궁의 처소에서 생활하면서 처소를 돌보는 여인이다. 상궁들의 침모, 혹은 가정부나 다름없는 여인들로 결혼은 했으나 사별한 상궁의 친척들이 맡는다.

세조의 후궁 덕중은 환관에게 연애편지를 보냈다가 방자로 전락하여 상궁의 하인이 되었다. 그러나 덕중은 방자의 신분이 되었으면서도 이번에는 세조의 조카에게 연애편지를 보내 대궐을 발칵 뒤집어 놓고 자신은 참형을 당한다.

정통파 궁녀들은 5~8세 사이에 입궁하게 된다. 집안이 가난하여 딸을 호사시키려는 부모들에 의해 입궁이 결정되지만 궁녀들이 부족할 때는 나라에서 강제로 뽑기도 하는데 영조 때는 액정서 별감의 딸을 위주로 뽑았다는 기록도 있다.

5~8세라는 나이는 부모 곁을 떠나기 어려운 나이다. 부모와 눈물로 작별하고 대궐에 들어온 어린 소녀들은 각 처소의 상궁들에게 배치되어 어머니와 같은 보살핌을 받게 된다. 자식이 없는 상궁들은 어린 소녀들을 딸처럼 귀여워하면서 키우는데 이때부터 소녀들은 정통 궁녀가 되기 위한 혹독한 수습 과정을 거치게 된다. 이들은 생각시, 혹은 소녀 나인으로 불리면서 엘리트 궁녀가 되기 위한 교육을 받는다. 지밀대비전, 대전, 왕비전, 동궁전, 침방침실 관리, 수방옷에 수를 놓는 방만이 생각시가 배치된다. 이들은 궁녀로서의 품성과 덕성, 학문을 교육받고 일선에서 활약한다. 궁서체는 이들 궁녀로부터 나온 서체로 옷 입는 것 못지않게 필체도 부드러우면서 단정하다. 엘리트 궁녀가 될 소녀들이기 때문에 수습 과정에 있으면서도 무수리나 방자들로부터 '생항아님' '애기항아님' 이라고 존칭을 받는다.

이들은 일반적으로 입궁하고 15년이 되면 관례를 올린다. 관례는 일종의 성인식이지만 궁녀들은 결혼식과 다를 바 없다. 관례를 올린 뒤에는 생머리를 어여머리로 빗은 뒤에 비녀를 꽂는다.

생각시 시절도 지밀에 수습을 위해 출입하지만 관례를 올리면 품계를 받고 한 사람의 궁녀로서 독자적인 활동을 하게 된다. 독자적인 활동이라고 해야 왕실을 보좌하는 것에 지나지 않지만 평생의 직업인 셈이다. 그러나 여인들과 달리 이 궁녀들은 죽을 때까지 대궐을 떠날 수 없다. 그녀들은 관례를 올리면서 임금의 여자가 되었기 때문에 오로지 그를 위해 일생을 살아야 한다.

제7화

이단아

유학을 버린 방외의 삶

조선은 유교의 나라였다. 유교를 숭상하는 선비들이 정치를 이끌면서 도도하게 흐르는 역사의 전면에 있었다. 그러나 유교를 정학으로 규정하고 이를 정치에 접목하고 있는 선비들에게도 방외자는 있었다. 충과 효, 예에 어긋나는 길을 부패한 지도자들이 권력을 좇아 가고 있을 때 과감하게 이를 버리고 방외자의 삶을 산 사람들이 그들이었다.

홍섬

시대와 불화한 선비

조선시대 불의와 타협을 거부했던 올곧은 선비 홍섬洪暹은 청렴한 관리로 칭송을 받았다. 그는 영의정 홍언필의 아들로 태어나 25세 때인 중종 23년(1528) 사마시司馬試, 소과, 생원과 진시를 뽑던 과거에 합격하여 생원이 되고, 중종 26년(1531) 식년문과에 급제하여 두루 청직淸職, 청관(淸官)의 직을 이르는 말을 역임했다. 그는 어릴 때 아버지 홍언필이 쟁쟁한 문신인데도 조광조에게 학문을 배웠다. 그러나 조광조는 교조적인 성리학자로 훈구대신들과 맞서다가 사화에 말려들어 억울하게 죽었다.

'조광조와 같은 학자를 죽인 것은 잘못이다. 이는 훈구대신들이 그를 미워했기 때문이다.'

홍섬은 기묘사화를 일으킨 훈구대신들을 증오했다.

홍섬은 조정에 진출한 지 불과 4년 만에 이조좌랑의 벼슬에 올랐다. 그는 김안로가 전횡을 일삼자 그를 탄핵했다. 김안로는 나는 새도 떨어뜨린다는 권력자였다. 홍섬을 잘 아는 사람들이 김안로와 척隻을 지지원수지간이 되다 말고 타협을 하라고 권했으나 홍섬은 권력을 남용하는 김안로를 기어이 탄핵했다.

"홍섬이라는 자가 감히 나를 탄핵했다는 말인가? 내 이를 용납할 수 없다."

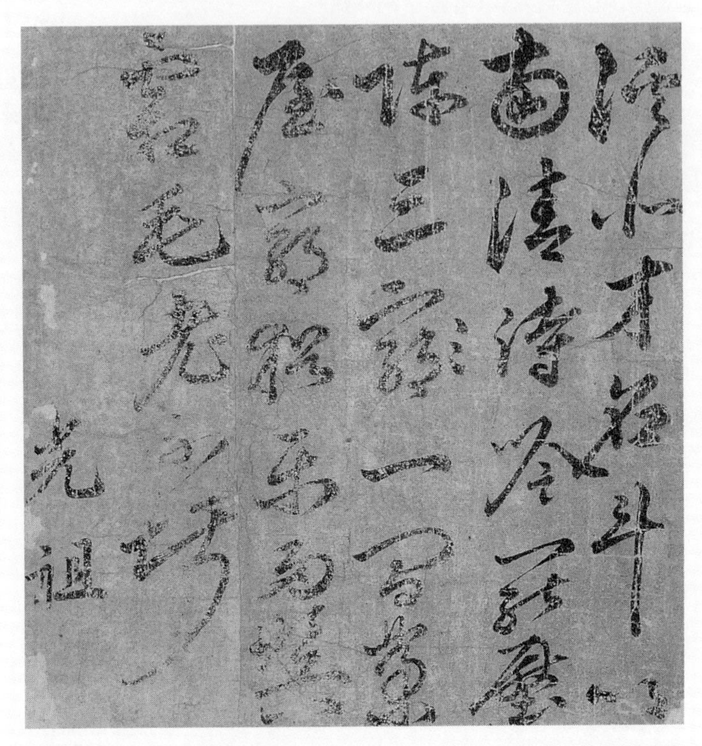

조광조(1482~1519)의 시. 조광조는 중종 반정 이후 진출한 신진 사대부로 유교적 이상론에 근거해 급격한 정치 개혁을 추진하다 기묘사화(1519년)로 사사(死賜)되었다.

김안로는 홍섬으로부터 탄핵을 받자 이를 복수할 기회만 노렸다. 김안로는 조광조와 같은 사림파가 몰락한 뒤 발탁되어 이조판서에 올랐고, 아들 김희金禧가 효혜공주孝惠公主와 혼인하여 중종의 부마가 되자, 이를 계기로 권력을 남용하다가 1524년 영의정 남곤과 심정, 대사간 이항 등의 탄핵을 받고 경기도 풍덕에 유배되었다. 그러나 남곤이 죽자 대사헌 김근사와 대사간 권예를 조정하여 심정을 맹렬하게 공격하여 그를 물러나게 하고 자신은 유배에서 풀려나 권좌에 복귀했다.

홍섬이 하루는 술에 취해서 허항의 집을 지나가게 되었다. 허항은 김안로와 같은 일파였기 때문에 홍섬이 취한 때를 노려 죄에 빠뜨리고자 하여 그를 청해 들였다. 홍섬은 먼저 허항의 형인 참판 허흡許洽을 만났다.

"오늘 밤은 매우 추우니 술을 한 잔 마시라."

허흡이 홍섬에게 술을 권했다.

"대감께서 주시니 사양하지 않겠습니다."

홍섬은 술을 좋아하여 큰 잔으로 마시어 더욱 취했다. 며칠 후 사헌부가 홍섬이 수상한 말을 취중에 하였다고 고하고 중종이 허항을 불러 홍섬이 한 말을 말하게 했다.

"신이 지난 12월 10일에 헌납 신석간의 집에 갔다가 돌아오니 홍섬이 신의 형 허흡의 집에 와 있었습니다. 허흡의 집은 신의 집과 매우 가까운데, 홍섬이 사람을 보내어 '만나고 싶다' 하고는 밤이 깊어서야 와서 이야기하다가 말하기를, '영공은 이때를 어떻게 생각하는가? 이러하고도 끝내 무사하겠는가' 하기에, 신이 '내가 어찌 알겠는가' 하니, 홍섬이 '영공은 만 권의 책을 통달했을 것인데 어찌 시세時勢를 모르겠는가? 예부터 이러하고도 보전하는 자가 있었는가? 우리 아버지도 늘 근심하면서 저 허항은 우직하기만 하여 시사時事를 모르고 일을 하니 마침내 보전하기 어려울 것이다' 라고 하셨다고 말하였습니다."

홍섬이 했다는 '이때를 어떻게 생각하는가? 이러하고도 끝내 무사하겠는가?' 라는 말은 중종이 남곤을 죽이고 김안로의 전횡에 놀아나고 있다는 의미여서 중종을 대노하게 만들었다. 중종이 대신들을 불러들여 허항의 말을 전하자 대신들이 홍섬을 친국할 것을 요구했다.

"홍섬의 일을 보니 지극히 놀랍습니다. 이는 즉흥적으로 한 말이 아니라, 오랫동안 품고 있다가 한 말입니다. 이뿐이 아니라, 전에 대간臺諫이 말하기를 '조정에 여러 갈래의 논의가 있어서 두려워 동요하는 사람이 있다' 하였습니다. 대저 사림 사이에서 이런 말을 여러 가지로 발설하여 온갖 계책으로 두려워 동요하게 하다가 의기가 맞지 않는 일이 있으면 곧 사설邪說에 붙여 사림을 공격하고 조정을 원망합니다. 철저히 다스리지 않고 시간을 끌면서 덮어 두면 종기가 안으로 곪은 것과 같아서 겉으로 쉽게 나타나지 않을 것인데 조정 대신들은 그 상한 것도 모르고 서로 의구심만 가질 것입니다."

김안로가 아뢰었다. 중종은 홍섬을 의금부에 가두고 철저하게 조사하라는 영을 내렸다.

"신의 아비가 늘 신에게 경계하기를 '우리 부자는 재능이 없는데 하나는 재상이 되고 하나는 청현淸顯이 되었으므로 임금의 은혜와 영광이 이미 극진하였으니 오직 공경하고 삼가라' 하였는데, 신이 '이때를 어떤 때라고 생각하는가? 옳건 그르건 간에 끝내 무사할 수 있겠는가? 예부터 이러하고도 보전한 자가 있었는가?' 하였다는 것은 정리로 보아 만무萬無, 절대로 없음한 일입니다. 아들

된 자로서 아비에게 해를 끼치는 말은 지극히 어리석은 사람이라도 감히 남에게 퍼뜨리지 않을 것인데, 더구나 아비가 직접 허항에게 관계된 말을 하지도 않은 것을 가지고 허항 앞에서 낱낱이 들어 말한다는 것은 더욱이 만무한 일입니다."

홍섬은 의금부의 조사에서 자신은 그러한 말을 한 일이 없다고 주장했다. 홍섬은 의금부의 조사를 받으면서 2백여 대의 곤장을 맞았으나 승복하지 않았다.

"홍섬이 허항과 논한 것을 숨기고 한 마디도 승복하지 않으므로, 전일 하의下議하셨을 때에 신들이 '더 형신刑訊하여야 한다' 하였습니다. 이제 공초供招한 것을 보면 대개 진정을 불었으니, 이것으로 보아도 그가 송순宋純 때문에 허항을 겁주어 동요시키려 한 정상을 충분히 알 만합니다. 진정을 말할 때까지 다시 더 형신한다면 반드시 형장을 맞다가 죽어, 아마도 삼가고 가엾이 여기시는 성상의 뜻이 손상될 듯하니, 매우 온당치 못하다고 생각합니다. 다시 더 형신하지 말고 그 승복한 것으로 죄를 정하는 것이 어떠하겠습니까?"

좌의정 김근사 등이 아뢰었다.

"홍섬의 일은, 대신이 어찌 우연히 생각하여 와서 아뢰었겠는가. 이미 복초服招, 문초를 받고 순순히 죄상을 털어놓음한 사연으로 법을 적용하라고 금부에 이르라."

중종도 홍섬을 곤장을 맞다가 죽게 만들고 싶지 않았다. 의금부는 홍섬의 형을 참대시斬待時로 입계하였는데, 사형을 감면하라고 명하였다. 홍섬은 이렇게 하여 만신창이가 되어 전라도 흥양현興陽縣으로 유배를 가게 되었다.

'아버님만 아니라면 목숨을 버리는 한이 있더라도 싸웠을 텐데….'

홍섬은 허항에게 모함을 당하자 비통했다. 허항의 간교한 말에 조정 대신들이 김안로에게 빌붙어 그를 비난하는 것이 원통했다.

홍섬은 억울한 귀양살이를 하면서 원분가冤憤歌를 지었다.

君恩이 물이 되어
흘러가도 자취 없고
玉顔아 꽃이로되
눈물 가려 못 보리다
이 몸이 녹아져도
옥황상제 처분이오
이 몸이 쓰러져도
옥황상제 처분이라

녹아지고 쓰러져서
혼백조차 흩어지고
빈산 해골같이
임자 없이 뒹굴다가
금강산 제일봉의

만장송이 되었다가
바람이 뿌린 소리
님의 귀에 들리거나

원분가의 한 구절로 억울하게 유배되어 무위도식하는 자신의 처량한 신세를 읊고 있다. 홍섬은 1537년 김안로가 사사된 뒤 3년 만에 석방되었다.

홍섬은 강직하여 1560년 이량의 횡포를 탄핵하다가 사직당했고, 3년 후에 판의금부사로 복직되어 예문관을 거쳐 홍문관의 대제학을 지냈다.

1567년 예조판서가 되고, 1568년 명종이 승하하고 선조가 즉위하자 원상院相, 어린 임금을 보좌하던 연로한 정승으로 서정庶政, 여러 방면에 걸친 정사(政事)을 처결하고 이어 우의정에 올랐으나 다시 남곤의 죄상을 탄핵하다 파직되었다.

홍섬의 일생은 탄핵의 일생이나 다를 바 없었다. 그는 옳은 일이 아니면 결코 타협하지 않았다.

김시습
해동의 방랑자

생육신으로 널리 알려진 김시습金時習, 1435~1493은 세종 17년(1435)에 태어났다. 호는 매월당梅月堂을 주로 썼고 어릴 때부터 신동으로 유명했다. 그의 아버지 김일성金日省은 음보蔭補로 충순위忠順衛를 지냈는데 김시습은 소학을 배운 후 5세 때에 이미 시를 지을 줄 알아 세종에게까지 알려졌다. 세종이 신통하게 생각하여 승지를 시켜 어린 김시습을 대궐로 불러들였다.

"네가 과연 시를 지을 수 있느냐?"

세종이 김시습에게 물었다.

"내시강보금시습來時襁褓金時習."

김시습이 대답하자 세종이 감탄했다. 해석을 하면 대궐에 올 때 강보에 싸여 온 김시습이라는 뜻이다. 김시습이라는 이름 자체가 시를 익힌다는 뜻이니 자신의 이름을 빗대어 대답한 것이다.

"호오! 과연 신동이라고 부를 만하구나."

세종이 무릎을 치고 감탄하면서 옆에 있는 병풍의 그림으로 시를 지으라고 영을 내렸다.

소정주택하인재小亭舟宅何人在

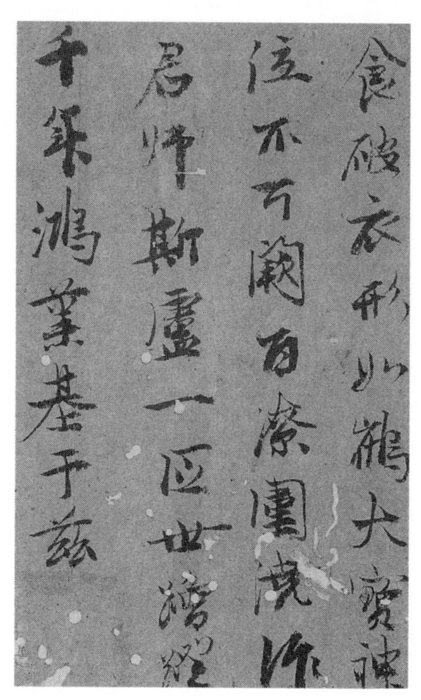

생육신의 한 사람인 김시습의 시. 김시습은 조선 전기의 학자로 유·불(儒·佛) 정신을 아울러 포섭한 사상과 탁월한 문장으로 일세를 풍미하였다. 또한 한국 최초의 한문소설 『금오신화』를 지었다.

작은 정자와 배 안에는 누가 있느냐는 뜻이다. 세종은 크게 감탄하여 장차 크게 될 재목이니 열심히 공부하라고 한 뒤에 상을 주어 돌려보냈다. 김시습은 5세 때에 이웃집에 살고 있던 예문관 수찬 이계전으로부터 『중용』과 『대학』을 배웠고, 성균관 대사성 김반에게 13세가 될 때까지 『맹자』, 『시경』, 『서경』을 배우고, 13세가 넘자 겸사성 윤상에게 『주역』과 『예기』를 배웠다. 이계전은 훗날 세조에게 가담하여 황보인과 김종서를 척살하는 계유정난癸

西靖難에 참여하게 된다.

김시습은 15세가 되자 어머니 장씨를 여의고 외가의 농장 옆에 있는 어머니의 무덤 옆에서 여막을 짓고 3년 동안 시묘살이를 했다.

김시습은 시묘살이가 끝나자 훈련원 도정 남효례의 딸과 혼인했으나 세속적인 삶에 만족하지 못하고 불교에 입문했다. 그는 송광사와 중흥사에서 머리를 깎지 않고 정진했다.

김시습이 21세가 되었을 때 수양대군이 단종을 몰아내고 왕위를 찬탈했다는 소식을 듣게 되었다.

"아아, 청천하늘에 이게 무슨 날벼락인가? 신하가 임금을 시해하니 비통하구나!"

김시습은 3일간 통곡을 하고 공부하던 책들을 모두 불사른 뒤 스스로 머리를 깎고 승려가 되어 전국을 떠돌았다. 민심은 흉흉하고 정치는 소용돌이를 치고 있었다. 세종이 총애했던 집현전 학사들을 중심으로 세조를 제거하고 단종을 복위시키려는 움직임이 일어났다. 성삼문, 이개, 박팽년, 하위지 등은 명나라 사신을 접대하는 자리에서 운검雲劍을 들고 있다가 세조의 목을 베고 거사를 하기로 했다. 그러나 성승, 유응부, 박쟁이 운검을 들고 연회에 들어가려고 할 때 수상한 기미를 눈치 챈 한명회가 장소가 비좁다는 이유로 운검을 폐지하면서 사태가 어그러지기 시작했다. 성균관 사예司藝, 성균관에서 음악을 가르치던 정사품 벼슬 김질은 성삼문 등과 거사를 같이하기로 했으나 운검이 실패하자 장인인 우찬성 정창손을 찾아가 역모를 고변했다. 정창손이 김질을 데리고 세조에게 가서 역모를 고변하면서 정국은 발칵 뒤집혔다.

세조는 내금위에 비상령을 내려 대궐을 수비하게 하고 도승지 박원형, 우부승지 조석문, 동부승지 윤자운과 성삼문을 입시하도록 했다. 성삼문은 역모가 발각되었다는 사실도 모르고 입시했다가 내금위 조방림에 의해 세조 앞에 무릎이 꿇렸다.

"너는 나를 안 지가 가장 오래되었고, 나도 또한 너를 대접함이 극히 후하였다. 지금 네가 비록 그 같은 일을 하였다고 하더라도 내 이미 친히 묻는 것이니, 네가 숨기는 것이 있어서는 안 된다."

세조가 성삼문을 친국하기 시작했다.

"신은 벌써 대죄를 범하였으니, 어찌 감히 숨김이 있겠습니까? 신은 실상 박팽년, 이개, 하위지, 유성원, 유응부와 박쟁과 같이 공모하였습니다."

세조는 박팽년도 직접 친국했다.

"성삼문, 하위지, 유성원, 이개, 김문기, 성승, 박쟁, 유응부, 권자신, 송석동, 윤영손, 이휘와 신의 아비였습니다."

박팽년이 대답했다. 세조는 이들에게 처절한 고문을 가했다. 박팽년은 친국을 받다가 죽고 수많은 문신과 무인들이 끌려와 친국을 당했다. 6월 9일 사건 발생 7일 만에 이들 관련자는 모두 군기감 앞에서 처형되고 능지처사되었다. 한양은 이들 연루자에 대한 체포와 검거로 살얼음 같았다.

김시습은 절에 있다가 단종 복위운동이 실패로 돌아가고 수많은 충신열사가 옥에서 죽거나 능지처사되고 교형에 처해졌다는 소식을 들었다. 그는 거의 미쳐 날뛰다시피 통곡을 하다가 절에서 내려와 새남터로 가서 능지처사된 사육신의 시체를 주워 모아 노량진에 매장했다.

'아아, 모든 것이 허망하구나.'

김시습은 사육신의 시신을 매장한 뒤에 관서지방을 유람하며 시를 지었다. 이때의 시들을 엮어 만든 것이 『탕유관서록宕遊關西錄』이다.

"…나는 어려서부터 성격이 질탕跌宕하여 명리를 즐겨하지 않고 생업을 돌보지 아니하여, 다만 청빈하게 뜻을 지키는 것이 포부였다. 본디 산수를 찾아 방랑하고자 하여, 좋은 경치를 만나면 이를 시로 읊조리며 즐기기를 친구들에게 자랑하곤 하였지만, 문장으로 관직에 오르기를 생각해 보지는 않았다. 하루는 홀연히 감개한 일(세조의 왕위찬탈)을 당하여 남아가 이 세상에 태어나서 도를 행할 수 있는데도 출사하지 않음은 부끄러운 일이며, 도를 행할 수 없는 경우에는 홀로 그 몸이라도 지키는 것이 옳다고 생각하였다…."

『탕유관서록』의 발문이다. 관서지방 유람을 마친 김시습은 다시 관동지방을 유람하여 지은 시를 모아 『탕유관동록宕遊關東錄』을 엮었고, 29세 때에는 호남지방을 유람하여 『탕유호남록宕遊湖南錄』을 엮었다.

김시습은 오랜 방랑을 마치고 한양으로 돌아왔다. 그가 돌아왔다는 말을 들은 효령대군이 찾아와 세조의 불경언해사업佛經諺解事業에 참가해 달라고 권유했다. 김시습은 대궐의 불당에서 기거하면서 교정 일에 참여하게 되었다. 1465년 세조가 원각사 낙성식에 참여하라는 영을 내렸다. 권력을 찬탈한 세조와 마주치는 것이 싫었던 김시습은 일부러 뒷간에 빠져 사람들의 손가락질을 받았으나 위기에서 모면했다.

'정창손과 김수온을 만나기 싫구나.'

김시습은 자신이 경멸하고 있는 정창손이 영의정이고, 김수온이 공조판서로 봉직하고 있는 현실에 불만을 품고 31세 때인 1465년 봄에 대궐에서 나와 경주로 내려갔다. 그는 경주의 남산인 금오산에 금오산실金鰲山室을 마련하고 오랜 은둔 생활에 들어갔다. 이때 매월당이란 호를 처음으로 사용했다.

김시습은 금오산에서 우리나라 최초의 한문소설인 『금오신화』를 비롯한 수많은 시편을 지었다. 그러는 동안 세조가 죽고 예종에 이어 성종이 보위에 올랐다. 김시습은 37세가 되어 한양으로 올라와 성동 폭천정사瀑泉精舍, 수락산 수락정사水落精舍 등지에서 10여 년을 거사로 생활했다.

10년을 거사로 소일하던 김시습은 47세에 돌연 환속했다. 그는 머리를 기르고 승려로서는 금기인 고기를 먹고 안씨를 부인으로 맞아들였다. 그러나 폐비 윤씨 사건이 일어나자, 다시 관동지방으로 유랑의 길에 나섰다. 그가 권력의 허울을 벗어 버리고 정처 없이 떠돌아다니다가 마지막으로 찾아든 곳이 충청도 홍산 무량사無

김시습의 영정사진.

量寺였다.

김시습은 성종 24년(1493)에 무량사에서 병들어 59세에 죽었다. 화장하지 말고 절 옆에 임시로 빈소 차림을 하여 놓아두라고 유언을 남겼다. 사람들이 3년 후에 장사지내려고 빈소를 열어 보니 안색이 살아 있는 것 같았다. 중들은 놀라 탄식하며 모두 부처라고 하였다. 마침내 불교식에 의하여 다비茶毗, 불교 화장의 명칭하고 그 뼈를 취하여 부도浮圖, 작은 탑를 만들었다.

유림의 대가인 이황은 김시습을 '색은행괴索隱行怪' 하는 이인異人으로 비판했으나 그의 사상은 유가와 선가를 자유롭게 넘나들었다. 불교를 이단으로 여기고 있던 조선시대 전기로서는 파격적인 일이었다.

…그의 생김은 못생기고 키는 작았다. 뛰어나게 호걸스럽고 재질이 영특하였으나 대범하고 솔직하여 위의가 없고 너무 강직하여 남의 허물을 용납하지 못했다. 시대를 슬퍼하고 세속을 분개한 나머지 심기가 답답하고 평화롭지 못하였다. 그리하여 스스로 세상을 따라 어울려 살 수 없다고 생각하여 드디어 육신에 구애받지 않고 세속 밖을 노닐었다. 국중 산천은 발자취가 미치지 않은 곳이 거의 없었고 좋은 곳을 만나면 머물러 살았으며, 고도故都에 올라 바라볼 때면 반드시 발을 동동 구르며 슬피 노래하기를 여러 날이 되어도 마지않았다….

율곡이 남긴 「김시습전傳」에 있는 기록이다.

…산에 가면 나무껍질을 벗겨 하얗게 하여 시 쓰기를 좋아하였으며 외워 읊조리기를 얼마 동안 하고 나서는 번번이 통곡하고 깎아 버리곤 하였다. 시를 혹 종이에 쓰기도 하였으나 남에게 보이지 아니하고 대부분 물이나 불 속에 던져 버렸다. 혹은 나무를 조각하여 농부가 밭 갈고 김매는 모양을 만들어 책상 옆에

벌려 놓고 하루 종일 골똘히 바라보다가는 통곡하고 불태워 버리기도 하였다. 때로는 심은 벼禾가 아주 무성하여 잘 여문 모습이 완상할 만하면 술에 취해 낫을 휘둘러 온 이랑을 다 베어 땅에 내어 버리고서는 큰 소리로 목 놓아 통곡하기도 하였다. 행동거지가 종잡을 수 없었으므로 크게 세속 사람들이 비웃어 손가락질하는 바 되었다….

하루는 서거정이 벽제소리를 내면서 초헌을 타고 대궐을 향해 가는데 김시습이 남루한 옷차림에 새끼줄로 허리띠를 두르고 폐양자蔽陽子, 천한 사람이 쓰는 백죽립(白竹笠)을 폐양자라 일컫는다를 쓴 김시습을 저자에서 만났다. 김시습은 앞에서 인도하는 구종별배들을 거들떠보지도 않고 서거정에게 큰 소리를 질렀다.

"강중거정의 자이 편안한가?"

"하하하! 매월당이 저자에는 웬일인가?"

서거정이 유쾌하게 웃으면서 김시습과 한담을 나누었다. 많은 사람이 벼슬하라고 김시습에게 권하였으나 소신을 굽히지 않고 방광放曠하면서 살았다. 달 밝은 밤을 만나면 『이소경離騷經』 외우기를 좋아하였고, 외우고 나면 반드시 통곡하였다. 어린아이들과 뛰어놀며 취하여 길가에 드러눕기 일쑤였다. 하루는 영의정 정창손이 저자를 지나는 것을 보고 큰 소리로 외쳤다.

"저놈을 멈추게 하라."

정창손은 듣지 못한 체하고 가 버렸다. 김시습은 죽기 전에 자화상에 스스로 찬하였다.

삼각산 높은 봉이 맑은 하늘에 우뚝 솟았구나
저 산에 올라가 북두성을 따리라
큰 산에 일어나는 것이 구름과 안개뿐이랴
능히 왕도를 만세토록 편안케 하리

三角高峯貫太清
登臨可摘北斗星
非徒嶽出興雲霧
能使王都萬歲寧

김시습이 자화상에 쓴 시로 호방한 기개가 느껴진다. 그가 기행을 하면서 엮은 시집의 제목에 굳이 탕유宕遊라는 말을 넣은 것도 그의 호방한 기개를 엿볼 수 있는 대목이다.

선비 중에도 조선시대를 떠들썩하게 했던 방외자들이 적지 않았다. 광해군 때의 유명한 시인 권필權韠 진사 임숙영任叔英이 책문시策問試, 시국에 대한 대책을 묻는 시험에 당시의 정사를 비평하자 광해군이 대노하여 과거 합격자 명단에서 빼라는 영을 내렸다. 이에 조정 대신들과 전국의 선비들이 일제히 반발하자 마지못해 합격자 명단에 넣었다. 권필이 시를 잘하고 세상을 더럽게 여겨서 과거를 보지 아니하더니 임숙영의 이름을 명단에서 뺀다는 소문을 듣고 시를 지었다.

宮柳青青鶯亂飛
滿城冠盖媚春暉
朝家共賀昇平樂
誰遣危言出布衣

궁에는 버들이 푸르고 꾀꼬리 어지럽게 나는데
성에 가득한 벼슬아치 봄빛에 아첨하네
조가에서는 함께 승평의 즐거움을 하례하는데
누가 시켜 위태한 말을 선비의 입에서 나오게 했나

광해군은 '궁류청청' 이란 구절이 왕비 유씨를 비난하는 말이라고 하여 권필을 잡아들여 가혹하게 고문했다. 그러자 많은 대신은 권필의 재능을 아껴

극구 변호를 해 주었다. 광해군이 권필을 유배 보내라는 영을 내려, 유배를 가기 위해 동대문 밖에 이르렀을 때 장독이 올라 죽었다. 권필은 시를 잘 지었는데 시의 대부분이 권력에 아첨하는 조정 대신들을 희롱하고 현실을 풍자하였기 때문에 한 편의 시가 나올 적마다 도성 안이 떠들썩하게 외워 전하였다.

홍혼洪渾은 선조 때 인물로 당성唐城 사람이었다. 유성룡과 함께 과거에 급제하여 승문원에 근무하면서 조선시대 승문원의 신고식인 신귀희新鬼戱를 같이 거쳤다. 그는 예문관 검열이 되었다가 점점 더 승진하여 사간원, 사헌부, 홍문관을 두루 거쳤다.

홍혼은 바른말을 잘하여 시속에 잘 영합하지 못하였다. 중년엔 벼슬살이를 좋아하지 않아서 하루아침에 관직을 버리고는 처첩을 거느리고 양근현 용진 시우동時雨洞에 은거했다.

그는 술을 좋아하는 사람으로 술이 좋거나 나쁘거나 가리지 않고 마셨으며, 마시면 곧 취했고 취하면 큰 소리로 노래를 부르며 농부나 시골의 노인들과 어울려 산수 사이에서 세속의 격식을 잊었다. 매양 가을이 깊어 단풍이 골짜기에 가득 물들고 시냇물 소리가 졸졸졸 집 주위를 에워싸듯 흐르면 홍혼은 친구들에게 자랑했다. 때때로 술이 취하면 성안으로 유성룡을 찾아오고는 했는데 곤드레만드레가 되도록 취해서 수레에 실려 오지 않는 때가 없었다.

"취객이 또 옵니다."

유성룡의 종들은 대경실색하여 어쩔 줄을 몰라 했다. 홍혼은 곧장 대청으로 올라가 걸터앉아서 큰 소리로 노래를 부르다가 오줌을 싸기도 하여 유성룡의 부인을 기겁하게 하기도 했다. 그가 부르는 노래는 언제나 시대를 상심하는 뜻이 많았다.

제8화

첩
남성 중심 시대의 희생양

조선은 철저한 신분사회였고 남성들이 지배한 나라였다. 봉건시대에 동서양의 모든 나라가 여성의 사회 참여를 금지했던 것처럼 조선도 여성들의 정치와 사회 참여를 금지했다. 여성들은 아무리 뛰어난 능력이 있어도 용납되지 않았다. 이러한 사회에서도 여성들의 정체성을 찾으려는 시도는 끊임없이 있어 왔다.

금원 김씨

남장을 하고 전국을 유람한 시골소녀

조선의 18세기는 백가쟁명의 시대였다. 사대부들의 전유물이었던 문학이 18세기가 되자 여항인閭巷人, 벼슬을 하지 않는 일반 백성들을 이르는 말들에게도 만개하고 규방을 지키고 있던 여성들에게도 전파되었다. 19세기가 되자 문학을 하는 여성들이 더욱 많아져 삼호정사 시대를 열어 프랑스의 살롱 문화를 연상케 했다. 김금원은 조선시대 여성 중에서 드물게 사회참여 운동가이고, 여행가이고 시인이었다.

금원이 여류 문인 중에 특별히 돋보이는 것은 14세에 남장을 하고 금강산, 강릉, 평양, 의주, 한양 등을 유람하고서 『호동서락기湖東西洛記』라는 기행문을 남겼을 뿐 아니라 그 기행문의 사상이 상당히 진취적이기 때문이다.

금원은 1817년 강원도 원주 봉래산 기슭에서 태어났다. 어렸을 때 잔병치레를 자주 하여 부모님이 바느질이나 부엌일을 가르치는 대신 책을 읽게 하고 글을 가르쳤다고 한다. 학문은 부모로부터 배웠다. 동생 경춘까지 시문에 뛰어난 것을 보면 부모님이 여자도 글을 배워야 한다는 사상을 가지고 있었을 것으로 추정된다.

…글공부를 한 지 얼마 되지 않아 대략 경사를 통달하고 고금의 문장을 본받기 위해 흥이 나면 꽃과 달로 시문을 지었다….

금원 스스로 『호동서락기』에서 밝힌 바 있듯이 그녀는 14세에 사서오경을 통달하고 시를 지은 재사였다. 그녀는 사람들이나 서책을 통해 읽은 보다 넓은 세상, 강호를 유람하려는 꿈에 부풀었다. 사람이 태어나서 평생 집 안에만 갇혀 지내는 것은 덧없는 일로 생각되었다. 수많은 책에서 읽은 금강산을 꼭 한 번 올라가 보고 싶었다. 그녀는 부모에게 금강산을 유람하겠다고 졸랐다. 부모는 나이 어린 소녀의 소망을 오랫동안 거부하다가 그녀가 침식까지 거부하면서 조르자 마침내 허락했다.

…내 삶을 생각하니 금수로 태어나지 않고 사람으로 태어난 것이 다행이오, 야만의 나라에서 태어나지 않고 문명의 나라에서 태어난 것이 또한 행복이다. 남자로 태어나지 않고 여자로 태어난 것이 불행이오, 부귀한 집안에서 태어나지 않고 가난한 집안에서 태어난 것이 불행이다….

금원의 고백에서 알 수 있듯이 그녀의 집은 한미寒微, 가난하고 지체가 변변하지 못함했다. 그렇다면 금원이 금강산을 비롯하여 강릉의 관동팔경과 평양, 의주, 한양을 두루 유람할 수 있었던 경비를 어디에서 마련하였는가. 이는 수수께끼가 아닐 수 없다. 그러나 금원은 당찬 여성이었다. 시대의 굴레가 자신을 속박해도 과감하게 벗어나려고 했다.

…여자로 태어났다고 규방 깊숙이 들어앉아 있는 것이 옳은가.
한미한 집안에 태어났다고 세상에 이름을 떨칠 것을 단념하고
분수대로 사는 것이 옳은가….

얼마나 당당한 발언인가. 금원은 책략은 짧으나 지략만 넉넉하면 세상에 이루지 못할 것이 없다고 자신한다. 금원은 부모의 허락을 받자 남장을 하고 가마의 앞을 터서 경치를 충분히 구경할 수 있게 하였다. 가만 안은 온통 초록색으로 장식했다. 금원이 처음 집을 떠나 도착한 곳은 제천의 의림지였다. 1년을 머물러도 그 아름다운 경승을 모두 알 수가 없다는 의림지에서 한나절을 구경하고 시 한 수를 지었다.

못가에 수양버들 푸르게 드리우고
엷은 봄 시름을 아는 듯하네
나뭇가지의 꾀꼬리 쉬지 않고 울어
이별의 슬픔을 견디기 어려워하네

금원은 의림지에 한나절밖에 머물지 못하는 것이 아쉬웠다. 그는 다시 길을 떠나 단양에 이르러 석굴을 구경했다. 곳곳에 있는

명승과 절경을 감상하고 글로 기록했다.

> 가는 비가 푸른 숲을 적시고 푸른 바위 위에 날던 새도 지쳐 돌아가고 달이 뜨자 맑은 바람에 인근 숲 속의 꽃향기가 실려와 향기롭기가 한량없다.

금원의 문장은 절정을 이룬다. 남성들과 달리 여성의 섬세한 감성이 글에 실린다. 금원은 단양을 떠나 금강산으로 향했다.

> 장안사로 들어가는 몇 리 길은 금모래 가는 풀로 뒤덮여 있고 낙락장송은 하늘에 높이 솟아 있다.

금원은 장안사와 표훈사를 돌아보고 비로봉, 향로봉 백천폭포까지 두루 감상했다. 진종일 폭포 떨어지는 소리를 들으면서 호젓한 산길을 걸어 기암절봉을 구경했다.

"세상에 명승절경은 많다. 그러나 금강산처럼 아름다운 절경은 없을 것이다."

금원은 금강산을 두루 구경한 뒤에 하늘과 땅이 커도 가슴에 품을 수 있겠노라고 호언을 했다. 금원은 금강산 일주를 마치자 통천을 지나 설악을 구경하고 강릉에 이르러 관동팔경을 감상했다. 금원은 강릉에서 다시 한양으로 올라가 만호 한양 장안을 두루 구경했다.

겸재 정선은 금강산을 여러 차례 유람하며 100여 폭의 그림을 그렸는데, 이 작품과 비슷한 구도의 〈금강전도(金剛全圖)〉를 많이 남겼다. 금강산의 많은 봉우리들이 한눈에 들어온다. 1734년, 국보 217호, 호암미술관 소장.

"이곳이 나라님이 계시는 대궐이구나."

금원은 한양에서 대궐의 웅장한 자태를 보았다. 비록 먼발치였으나 의정부와 6조 관아도 살필 수 있었다.

한양과 금강산, 관동팔경을 구경하고 원주의 집으로 돌아온 금원은 자신의 옷차림을 돌아보았다. 남장을 하고 갓을 쓴 자신의 옷차림이 기이했다. 평생의 소원을 이루었으니 더 이상 바랄 것이 없었다. 남장한 옷을 벗고 그녀는 평범한 시골소녀로 돌아왔다.

금원의 행적은 금강산 유람에서 돌아온 뒤에 10여 년간 행적이 끊긴다. 그녀가 그동안 무엇을 했는지 전혀 기록이 없다. 1845년 금원은 의주부윤 김덕희의 소실이 되어 의주로 간다. 금원의 나이 29세, 어떤 인생 역정을 거쳤는지 전혀 알 길이 없다. 의주에서 돌아온 금원은 김덕희의 소유인 용산 삼호정三瑚亭에서 여류들과 교류를 나누며 시작 활동을 했다. 당시 그녀와 함께 활동했던 여류 시인들로는 연천 김이양의 소실 운초雲楚, 화사 이정신의 소실 경산瓊山, 서기보의 소실 죽서竹西, 금원의 동생인 경춘瓊春이 있다. 특이한 것은 이들이 한결같이 명성을 떨치고 있는 인물들의 소실이라는 점이다. 그러나 시를 즐길 정도로 자유로웠던 것을 보면 당대의 귀부인들이라고 할 수 있다.

금원을 비롯하여 운초, 죽서, 경산 등은 삼호정에서 자주 만나 시를 주고 세상사를 이야기했다. 이들이 이야기한 세상은 단순하게 살아가는 문제만이 아니라 당대의 예술, 정치에 대한 것이었기 때문에 프랑스의 살롱과 유사했을 것으로 보인다. 그러나 금원이 활약하던 시기는 전 세계적으로 여자들이 활동할 수 있었던 시기는 아니었다. 영국에서 산업혁명이 일어나고 프랑스에서 대혁명이 일어났으나 여성들이 주체적으로 사회에 참여하는 것은 금지되어 있었고 가족을 부양하는 경제활동에만 제한적으로 참여할 수 있었다.

19세기 여류시인들이 삼호정 동인 활동을 자유롭게 할 수 있었던 것은 이들이 명사들의 소실이었기 때문이었다. 기생 신분이었기 때문에 소실이 될 수밖에 없었을 수도 있으나 소실이라는 신분적 제약을 받아들이고 경제적 풍요와 예술의 자유로움을 보장받기 위해 소실을 선택할 수도 있었을 것이다.

이옥봉

조선의 천재 여류시인

이옥봉李玉峰은 명종 때 이봉李逢이라는 이름의 양반의 딸로 태어났다. 이봉은 정철鄭澈, 1536~1593, 이항복李恒福, 1556~1618, 유성룡 등과 함께 학문에 힘써 문장가로 당대에 쟁쟁한 명성을 떨치고 있었다. 훗날 임진왜란이 일어났을 때는 조헌, 정경세 등과 함께 의병을 일으켜 일본군의 후방을 교란하는 등 의병장으로 활약할 정도로 기개가 있는 인물이기도 했다. 그는 한양을 탈환하자 고향으로 내려갔다가 선조의 영으로 상경하여 사헌부 감찰에 발탁되었다. 이듬해는 옥천군수로 부임하여 부자들의 창고를 열어 굶주리는 백성을 구제했다. 이옥봉은 이봉의 본처에게서 낳은 딸이 아니라 첩의 몸에서 낳은 딸이었기 때문에 운명적으로 불행했다. 그녀의 본명은 이원李媛, 옥봉은 호였다.

이옥봉은 어릴 때부터 어머니에게 언문과 한문을 배워 사서오경을 줄줄이 외고 시를 지었다. 자색 또한 빼어나 문장가인 이봉의 사랑을 독차지했다. 이옥봉은 16세가 되자 아버지 이봉에 의해 얼굴도 모르는 남자에게 시집을 갔다.

'시집을 왔는데 남편이 병들었으니 내 팔자가 좋지 않구나.'

이옥봉은 속으로 한숨을 내쉬었으나 정성을 다해 남편을 섬겼다. 그러나 그녀의 남편이 1년도 되지 않아 불의의 병으로 죽자 청상과부가 되어 친정으로 돌아왔다. 이옥봉은 불과 17세의 꽃다운 나이에 청상과부가 되자 외로웠다. 조선에서 과부는 수절하면서 바깥출입을 하지 말아야 했으나 이미 친정으로 돌아온 이옥봉은 진정한 사랑이 자신에게 찾아오기를 간절하게 바랐다. 어릴 때부터 시를 쓰기 시작해 자유분방한 그녀에게 수절과 같은 조선시대의 관습은 의미가 없었다.

이옥봉의 친정이 당대의 명사였기 때문에 명사들이 줄을 이어 찾아왔다. 이미 문명을 떨치고 있는 유성룡, 기자헌, 이덕형, 이항복, 심희수 등은 이봉과 어울렸고 신진 사류士類, 학문을 연구하고 덕을 닦는 선비의 무리인 윤국형, 조원 같은 선비들은 그녀의 오라버니들과 어울렸다.

'조원이라는 사람이 참으로 늠름하게 생겼구나.'

이옥봉은 집을 찾아온 조원을 보자 첫눈에 사랑에 빠지고 말았다. 그러나 서녀庶女인데다가 이미 시집을 갔다가 청상과부가 되어 돌아온 그녀는 감히 조원에게 사랑을 고백할 수 없었다. 조선시대는 내외의 관습이 엄격했기 때문에 남녀가 사사로이 만나는 것도 금지하고 있었다. 이옥봉은 열정적인 여인이었다.

게다가 그녀는 이성에 대한 호기심이 가장 왕성한 십대였다. 그러나 조원은 이미 혼례를 올린 처지였고 이옥봉은 첩의 딸이면서 한 번 시집을 갔다가 돌아온 청상과부였다. 자신의 부박한 처지와 조원의 높은 신분을 생각하자 이옥봉은 조원과 연을 맺기 어려울 것 같아 쓸쓸했다.

'그분의 이름이 원인데 내 이름도 원이니 우리가 만난 것은 실로 운명이 아닌가?'

이옥봉은 조원을 생각하면서 잠을 이루지 못하는 날이 많았다. 조원과 사랑을 나누려면 그의 첩이 되는 길뿐이 없었다. 이옥봉은 사랑의 열병을 앓기 시작했다. 잠도 오지 않고 음식을 입에 댈 수도 없었다. 눈을 뜨나 감으나 조원의 얼굴만 눈에 어른거렸다.

絳紗遙隔夜燈紅
夢覺羅衾一半空
霜冷玉籠鸚鵡語
滿梧棄落西風

붉은 비단 어리어 등불이 붉고
꿈에서 깨어나니 덮은 이불 한 쪽이 비었네
새장에 서리 차다 앵무새 울고
가을바람이 부니 오동잎 뜰에 가득히 떨어지네

이옥봉은 조원을 생각하다가 시를 지었다. 「추한秋恨」이라는 제목의 시였다. 사랑하는 사람이 없는 여인의 쓸쓸한 마음을 단적으로 표현한 시였다. 이옥봉은 시와 함께 조원에게 당신의 부실副室, 첩이 되게 해 달라는 편지를 써서 보냈다. 조원은 이옥봉이 보낸

작자미상의 미인도. 아름다운 기녀(妓女)를 그린 신윤복의 〈미인도〉(간송미술관 소장)와 매우 유사해서 신윤복이 그렸다고도 전해진다. 19세기, 일본 동경미술관 소장.

편지를 읽고 망연자실했다.

이옥봉이 보낸 편지는 노골적으로 사랑을 고백하고 있었다. 조원은 이옥봉이 보낸 편지를 몇 번이나 곱씹어 읽었다. 담대한 여인이었다. 조원은 이옥봉을 여러 차례 본 일이 있었다. 조원의 절친한 친구인 윤국형과 여러 차례 이옥봉의 집 사랑을 드나들면서 그녀의 오빠와 시를 짓고 술을 마셨다. 그때마다 모란꽃처럼 화사하게 핀 이옥봉의 빼어난 자태에 넋을 잃고는 했었다.

'어찌 이토록 아름다운 여인이 있다는 말인가?'

조원은 이옥봉이 싫지 않았다. 그러나 좋아한다고 해서 어른들의 허락도 받지 않고 첩으로 들일 수 없었다. 그녀의 시가 벌써 장안에 파다하게 퍼져 여사女士, 여자 선비라는 칭송이 자자했다. 조원은 그대의 마음은 알고 있으나 나의 처지가 그렇지 못하다고 완곡한 거절의 뜻을 담아 편지를 보냈다. 그러나 이옥봉은 열렬한 사랑에 빠져 있었다. 이옥봉은 여인이며 자신이 청상과부라는 사실도 잊고 조원에게 많은 시와 서찰을 보냈다. 그녀가 사랑에 빠져 조원의 첩이 되기를 원한다는 소문이 명사들 사이에 파다하게 나돌았다.

"이옥봉이 그토록 열렬하게 구애를 하는데 자네가 모른 체하면 그것이 어디 사람이 할 일인가?"

명사들이 조원에게 이옥봉을 맞아들일 것을 권했다.

"글쎄…."

조원은 선뜻 대답을 하지 않았다. 이옥봉을 생각하면 처연하게 아름다운 얼굴이 떠올랐으나 그녀의 명성이 장안에 파다하게 퍼져 있었다. 여자의 이름이 남자보다 더 유명해지면 안 된다. 조원에 대한 이옥봉의 거침없는 구애가 장안에 널리 퍼졌기 때문에 조원의 장인 이준민도 알게 되었다.

이준민은 경기관찰사와 공조참판을 거쳐 1575년 평안도 관찰사로 나가 북방을 잘 다스렸다. 그 뒤 내직으로 옮겨 병조판서와 의정부 좌참찬을 지냈는데 강직한 인물이었다. 조정이 분열되어 동인과 서인으로 갈라지자 벼슬을 사임했다. 천품이 강직해 불의를 용서하지 않았고 자제 교육에도 매우 엄격한 인물이다.

"이옥봉은 시만 잘 짓는 것이 아니라 미색도 있다고 하네. 사대부가 첩을 들이는 일은 윤리에 어긋나는 일이 아니니 맞아들이게."

이준민이 사위인 조원을 불러서 이옥봉을 첩으로 들이라고 권했다. 조원은 장인이 허락하자 중간에 사람을 넣어 이옥봉을 서강西江에 있는 정자로 나오라고 기별했다. 이옥봉은 여종을 거느리고 정자로 나왔다.

"그대의 서찰을 잘 보았소. 부녀자가 어찌 서찰을 보내 사대부를 욕보이려는 것이오?"

조원은 이옥봉을 보자 먼저 꾸짖었다. 물론 진심은 아니었다. 조원의 말에 이옥봉은 가슴이 싸하게 저려 왔다. 조원은 그녀의 진심을 몰라주고 있었다.

"어찌 사대부를 욕보이려고 서찰을 보냈겠습니까? 정언 나으리를 한 번 뵈온 뒤로 흠모하는 마음을 억제할 수가 없었습니다."

이옥봉이 고개를 들고 또렷한 목소리로 말했다. 가을 호수처럼 깊은 눈이 촉촉하게 젖어 있었다.

"그대도 글을 아니 강상綱常, 삼강(三綱)과 오상(五常)을 아울러 이르는 말. 곧 사람이 지켜야 할 도리를 이른다의 죄를 범해서는 안 되오."

강상의 죄는 윤리에 관한 것이니 엄중하게 처벌을 받는다.

"그래서 나으리의 부실副室이 되고자 하는 것입니다."

이옥봉은 당당하게 조원의 첩이 되겠다고 말했다. 조원은 흠칫하여 이옥봉을 쳐다보았다. 쓰개치마로 칠윤의 머리를 덮기는 했으나 희고 고운 얼굴에 선연하게 맑은 눈이 그를 빨아들일 듯이 쳐다보고 있었다.

"그대는 시로써 이미 장안에 명성을 얻었소. 이는 남자의 체면을 깎는 일이오. 나는 그러한 여인을 첩으로 거느릴 수 없소. 그대는 나를 위해 시를 쓰지 않을 수 있소? 그대가 이 조건을 수락해야 우리는 부부의 연을 맺을 수 있소. 나의 부실이 되려면 시를 써서는 안 되오. 그것은 사대부를 욕보이는 것이오."

조원은 아녀자가 시를 써서 장안에 유포시키는 것은 남자의 체면을 깎는 일이니 자신의 첩이 되려면 시를 쓰지 말라는 조건을 내걸었다.

"아녀자가 시를 쓰는 일이 어찌 장부의 체면을 깎는다고 하십니까?"

"세상에 글로써 이름을 얻은 여인이 기생들 말고 누가 있소?"

조원의 말에 이옥봉은 말문이 막혔다.

"선비들이 나를 아녀자보다 못한 위인이라고 비웃을 것이오."

"그러시다면 소인이 시를 쓰지 않겠습니다."

이옥봉은 사랑을 위해 시를 짓는 것도 포기하겠다고 선언했다. 사랑을 위해서는 목숨까지도 쉽사리 버리려고 하는 여자들의 특성이 천재 시인인 그녀에게서도 나타나고 있었다.

"약속할 수 있겠소?"

"약속합니다."

이옥봉은 얼굴을 붉히며 대답했다.

"그렇다면 가내家內와 상의하여 그대를 맞아들이리다."

조원이 조용히 말했다. 이옥봉은 조원의 허락을 받자 사랑을 위해 예술을 포기했으나 뛸 듯이 기뻐했다. 그녀는 마침내 사랑을 쟁취하게 된 것이다. 조원은 얼마 지나지 않아 이옥봉을 첩으로 맞아들였다. 이옥봉은 조원의 품속에서 꿈결 같은 나날을 보냈다.

그러나 한 남자를 놓고 두 여인이 사랑을 나누는 일은 불꽃같은 정열을 갖고 있던 그녀가 생각했던 사랑이 아니었다. 그녀는 자신의 신분이 일개 첩이라는 사실에 절망했다. 그리고는 조원과 약속을 했는데도 불구하고 다시 시를 짓는 일에 몰두했다. 사랑에 실망하자 시에 대한 열정이 치솟아 올랐다. 조원은 정언의 벼슬에서 물러난 뒤에 삼척부사에 임명되었다. 이옥봉은 조원을 따라 삼척으로 가다가 「영월도중寧越道中」이라는 제목의 시를 지었다.

닷새 걸리는 영월을 사흘 만에 넘었네

구름 속의 노산군의 능을 보니 애통한 노래도 끊기네

첩의 몸도 조선 왕실의 손녀

두견새 울음소리를 차마 듣기 어렵구나

단종이 묻힌 영월의 장릉을 보고 가슴이 쓸쓸하여 지은 시였다. 이옥봉은 삼척 부중에서 살았다. 그때 삼척의 한 촌 여인이 남편이 소도둑놈으로 몰렸다고 애통하게 우는 것을 보았다. 이옥봉은 그녀의 말을 듣고 글을 한 장 써 주었다. 그것은 '내가 직녀織女가 아닌데 어찌 남편이 견우牽牛이겠소?' 하는 내용의 글이었다. 견우는 소를 끈다는 뜻이니 직녀가 아니라는 것은 소도둑이 아니라는 의미였다. 관원은 그 글을 보고 여인의 남편을 석방해 주었다. 조원은 소도둑을 석방한 것이 이옥봉 때문이라는 것을 알자 부녀자가 공사公使에 간섭한다면서 그녀에게 집에서 나가라고 선언했다. 청천벽력 같은 일이었다.

"나리, 첩이 무슨 잘못을 저질렀다고 내치려 하십니까?"

이옥봉은 깜짝 놀라 조원에게 물었다.

"나와 약속하지 않았소? 첩실로 있는 부녀자가 함부로 공사에 관여하니 남자의 체면이 뭐가 되겠소? 다시는 그대를 보지 않을 테니 내 집에서 나가시오."

조원이 냉랭하게 선언했다.

"다시는 이런 일이 없도록 하겠습니다. 용서해 주세요."

이옥봉은 울면서 조원에게 애원했다. 그러나 조원은 그녀를 거들떠보지도 않았다.

'나를 내치다니… 이제 나는 어떻게 하라는 말인가?'

이옥봉은 조원에게 버림을 받자 비참해졌다. 첩이라는 신분이나마 조원의 그늘 속에 있었을 때는 부귀를 누렸으나 그에게서 버림을 받자 비참한 현실이 기다리고 있을 뿐이었다. 강직한 선비인 이봉은 조원에게 소박을 맞은 그녀를 집안에 들이려고 하지 않았다.

'어떻게 하든지 서방님의 화를 풀어야 해.'

이옥봉은 「자술自述」이라는 시를 써서 조원의 마음을 바꾸어 보려고 했으나 소용이 없었다. 조선시대는 남자에게 버림을 받은 여인이 살아가기에는 너무나 어려운 시대였다. 이옥봉은 한양으로 돌아와 미친 듯이 시작에 몰두했다. 이옥봉이 살고 있는 곳은 동대문 밖의 뚝섬 근처에 있는 다 쓰러져 가는 초옥이었다.

이옥봉은 조원의 마음을 달래려고 몇 번이나 시를 써서 보냈으나 조원은 끝내 그녀가 돌아오는 것을 허락하지 않았다. 이옥봉의 시 대부분이 외로움을 호소하는 시였을 정도로 그녀는 사랑을 잃고 괴로워하며 쓸쓸하게 살았다.

平生離恨成身病

酒不能療藥不治

衾裏淚如氷下水

日夜長流人不知

평생의 이별이 내 몸에 병이 되어
술로도 달래지 못하고 약으로도 못 고치네
얼음 밑을 흐르는 물처럼 이불 속에서 눈물을 흘려
밤낮으로 길게 흐르지만 누가 알아주랴

「규정閨情」이라는 제목의 시였다.

사랑하는 사람으로부터 버림을 받은 이옥봉이 어떻게 죽었는지는 기록이 없다. 그러나 조원의 후손들이 여러 곳에 있는 시들을 모아서 『가림세고嘉林世稿』라는 문집에 수록했기 때문에 오늘까지 주옥 같은 시들이 전해진다.

이옥봉이 조원으로부터 버림을 받은 것은 안타까운 전설이 되었다. 그러나 실제로는 이옥봉이 버림을 받지는 않았고 오히려 조원으로부터 깊은 사랑을 받지 않았나 여겨진다.

조원이 상주 목사로 부임했을 때 『문소만록聞韶漫錄』이라는 문집을 남긴 윤국형은 성주 목사에서 체직되어 한양으로 올라가다가 친구인 조원이 목사로 있는 상주 관아를 방문하게 되었다. 어차피 문경새재를 넘어 한양으로 올라가야 했기 때문에 상주를 거쳐야 했다. 조원은 친구인 윤국형이 당도하자 관사에서 쉬게 하고 크게 잔치를 베풀었다.

"그대가 여사女士로서 명성이 쟁쟁하니 절구 한 수를 지어 내 친구를 위로하는 것이 어떤가?"

조원이 첩 이옥봉에게 물었다. 윤국형도 이옥봉이 문명이 쟁쟁했기 때문에 그녀의 시를 보고 싶었다. 이옥봉은 이미 문명뿐이 아니라 절색으로도 이름이 나 있었다. 희고 뽀얀 얼굴에 추수秋水처럼 깊고 서늘한 눈은 송도삼절로 일컫는 황진이의 미색을 능가하는 것 같았다. 윤국형은 조원의 첩을 보고 가슴이 설렜다.

"하오시면 첩이 시를 읊을 테니 서방님께서 쓰소서."

이옥봉이 낭랑한 목소리로 응대했다. 조원이 호탕하게 웃으며 그러마 하고 대답을 한 뒤에 하인을 시켜 지필묵을 대령하게 했다.

"무엇을 위하여 시를 읊사옵니까?"

"굴원屈原을 조사弔辭하는 것이 어떤가?"

굴원은 춘추전국시대의 유명한 시인인데 초왕에게 버림을 받아 미친 듯이 강남의 강가를 헤매다가 「이소離騷」라는 시를 남기고 강에 뛰어들어 자결했다. 조선에서도 수많은 사람이 그의 시를 애송할 정도로 강개하고 비분한 시로 널리 알려져 있었다. 지필묵이 준비되자 이옥봉이 고운 목소리로 시를 읊기 시작했다.

洛陽才子何遲召

作賦湘潭弔屈原

手扮逆鱗危此道

淮陽高臥亦君恩

낙양의 재주 있는 사람을 어찌 이제야 불렀는가
상담부 지어 굴원을 조사하라 하나
손으로 역린을 잡은 것은 위태로운 일인데
회양에 편히 누운 건 역시 임의 은혜라네

칠언절구로 지은 시였다. 이옥봉은 시를 읊는 동안 백첩선白疊扇, 부채을 한가하게 부치기도 하고 때로는 입술을 가리며 매혹적인 미소를 짓기도 했다.

'조원의 첩이 시만 잘 짓는 것이 아니라 목소리 또한 선녀처럼 아름답구나.'

윤국형은 가만히 탄식을 했다. 시를 읊는 이옥봉의 목소리는 맑고 처절해서 이 세상 사람 같지 않았다. 굴원을 조사하는 이옥봉의 시는 윤국형의 『문소만록』에 수록되었다.

조원은 임진왜란 때 호서지방 일대에서 왜군과 싸웠다. 명나라와 일본이 강화협상을 하느라고 임진왜란이 잠시 소강상태일 때 조원은 뜻밖의 역모에 말려들어 조정에 소환되어 추국을 받았다. 그러나 그의 역모 사실은 구체적으로 드러나지 않았고 병이 깊었기 때문에 임진왜란 도중에 병사했을 것으로 보인다.

이옥봉도 임진왜란을 전후하여 뚝섬 근처의 허름한 초가에서 병들어 죽었다는 설과 당나라 시인들을 동경했기 때문에 중국으로 갔을 것이라는 설도 있다. 이옥봉의 시신이 중국 해안에서 발견되었다는 고사는 그녀의 명성 때문에 창작된 것이 아닌가 여겨

진다. 그러나 시인에 대한 말년의 족적은 뚜렷이 알려지지 않고 시만 남아서 전하니 안타까운 일이다.

조선시대는 여성들에게 족쇄를 채운 시대였다. 남녀평등은 허울뿐이었고 여성은 남성을 위해 존재하는 도구에 지나지 않았다. 여성의 권위가 존중받은 것은 집 안에서 뿐이었다. 철저하게 위계가 갖추어진 신분적 관계에서만 존중을 받았다. 여성의 사회 참여는 완전하게 금지되었고, 집 안에서 시를 쓰거나 그림을 그리는 것은 허락받았으나 집 밖에 알려지면 안 되었다.

구전이나 설화를 통해 전해져 내려오는 이야기 중에 조선의 3대 여류시인으로 불리는 이옥봉이 있다. 그녀는 승지 조원의 첩이었는데, 조원은 그녀를 첩으로 들이면서 남자의 체면에 관계되니 자신의 첩이 되려면 시를 쓰지 말라고 강요했다. 이옥봉은 조원을 사랑하여 시를 쓰지 않겠다고 맹세를 한 뒤에 소실이 되지만, 시에 대한 열정을 견디지 못하고 몇 년이 지나자 시를 쓰게 되고 결국은 그것이 빌미가 되어 소박을 맞고 비참하게 살다가 죽는다.

이옥봉의 이러한 일화는 구전이나 설화로 전해져 내려오는 것이지만 조선시대 여성들의 사회 참여가 원천적으로 봉쇄되어 있다는 사실을 설명해 주는 대목이기도 하다.

조선의 상류층 여성들은 정신적인 자유를 누리지 못했으나 물질적인 풍요는 누렸다. 그들은 대부분 종들을 거느리고 살았다. 그러나 중인 신분의 여성들은 정신적인 자유나 물질적인 풍요조차 누리지 못했다. 그들은 오로지 일에 묻혀 살아야 했다. 조선이 산업사회가 아니라 농경사회였기 때문에 식량은 물론이고 일용품들까지 자급자족했다. 여성들은 밥하고 빨래하고, 밭에 나가 일을 하고, 베틀에 앉아서 옷감을 짜고, 아이들도 보통 일곱이나 여덟 명 이상씩 낳아서 키우다가 병들어 죽었다. 여성들은 집 밖으로 나오면 무슬림 신자들이 히잡을 쓰듯이 쓰개치마를 둘러써서 외간 남자들에게 얼굴을 보여 주지 않아야 했다.

조선은 남성 중심의 사회였다. 남성은 일부다처를 허용하고 있었으나 여성은 남자가 죽으면 절개를 지켜야 했고 개가를 하면 「자녀안」에 올라서 가문이 사회적 활동을 하는 데 제약을 받았다. 이 때문에 수절을 하는 여인들에게 불미한 소문이 퍼지면 가족들이 살해를 하는 소위 명예살인까지 일어났다.

조선의 여성들 중에 여종이 가장 비참했으나 첩들의 삶도 철저하게 소외되어 있었다. 그러나 첩들 중에서 신분적인 제약을 뛰어넘어 그림을 그리거나 시로써 명성을 떨친 이들도 많았다. 특히 18세기에 들어서면서 이들의 활동이 두드러져 여성 시집을 간행하는 일까지 발전한다.

제9회

역관
시대를 앞선 글로벌 리더

조선시대 역관은 중인 신분이면서도 사대부 못지않게 부와 명예를 누리면서 살았다. 무엇보다 그들은 청나라를 오가면서 무역을 하여 많은 부를 축적했기 때문에 조선시대 거상이나 거부 중에는 역관들이 많았다.

이언진

요절한 천재 역관

역관 이언진李彦瑱은 영조 16년(1740)에 태어나 영조 35년, 19세에 역과에 합격하여 사역원司譯院 주부主簿가 되었다. 그는 대대로 역관 일을 한 집에서 태어났는데 당대 남인의 최고 문장가라는 이용휴李用休, 1708~1782에게 수학했다. 어려서부터 시문과 서예에 능하여 이용휴가 영이적靈異的 천재라고 불렀을 정도였다. 그러나 역관은 사대부가 아니었다. 그는 시를 짓고 그림을 그렸으나 언제나 자신의 신분에 대해서 한탄했다.

"저는 사대부가 아니어서 과거에 문과를 볼 수가 없으니 어찌 입신양명하겠습니까?"

이언진은 자신의 신분을 생각할 때마다 우울하여 아버지 이덕방李德芳에게 말했다.

"네 뜻이 크다만 자신의 신분이 낮은 것을 탓하지 마라."

이덕방이 이언진에게 말했다. 이언진은 집안이 가난하여 다른 사람들에게 책을 빌려 읽고 진기한 책이 있다는 소식을 들으면 직접 찾아가서 책 주인에게 사정하여 반드시 다 읽고는 돌아왔다. 책을 빌려서 돌아올 때는 읽으면서 오다가 소나 말과 부딪히기도 하고 돌부리에 걸려 넘어진 적이 한두 번이 아니었다.

영조 40년(1764) 조선은 일본에 통신사를 파견했다. 정사 조엄趙曮, 부사 이인배李仁培, 종사관 김상익金相翊이 임명되고 당대의 문장가로 알려진 성대중成大中과 김인겸金仁謙이 서기로 따라가게 되었다. 영조는 이들을 친히 소견하고 잘 갔다가 잘 오라는 뜻으로 '호왕호래好往好來' 라는 글을 써 주었다. 통신사 일행은 자그마치 472명이었다.

이언진은 통신사 일행을 수행하여 에도로 가기 위해 오사카에 이르렀다. 오사카 동쪽은 사찰이 여관처럼 즐비하게 늘어서 있었는데 통신사들이 이르는 곳마다 승려들과 귀족들이 글을 써 달라고 요구했다. 역관 중에는 반출이 금지된 호랑이 가죽, 족제비 가죽, 인삼 등과 일본의 진주 구슬, 검을 바꾸려는 자들이 많았다. 일본인들은 겉으로는 공손하면서도 장사에 혈안이 되어 있는 역관들을 속으로 비웃었다. 그러나 이언진은 장사로 이익을 취하려고 하지 않았기 때문에 일본인들이 어려워했다.

이언진의 문장은 일본에도 널리 알려져 있었다.

"청컨대 글을 한 줄 써 주시면 가보로 삼겠습니다."

일본인들이 다투어 이언진에게 청했다. 이언진은 일본인들의 요구를 흔쾌히 들어주었다. 그의 책상에 글을 지어 달라는 종이가 산더미처럼 쌓였다.

> 맨발의 일본 오랑캐놈 몰골이 괴이한데
> 오리색의 옷 등 쪽에는 별과 달이 그려져 있네

꽃무늬 적삼 입은 계집이 달음질쳐 문을 나서니

머리 빗다 못 마친 듯 대충 동여맸네

어린아이 요란하게 울며 젖을 빨아 대니

어미가 등을 때리자 울음소리 그치네

이언진이 일본에서 지은 시였다. 이언진은 일개 통역관이었기 때문에 나라에서는 아무도 알아주는 사람이 없었다. 그러나 일본에 통신사의 역관으로 가면서 그의 문장과 글씨가 널리 알려지게 되었다. 그가 귀국할 때는 그의 책이 벌써 일본 각지에서 간행되고 있었다.

이언진은 통신사 통역의 임무를 마치고 1년 만에 귀국했다.

이언진은 이미 문명을 떨치고 있는 박지원을 좋아했다. 그가 하루는 지인을 시켜 박지원에게 시를 보이면서,

"연암 선생만이 나를 알아줄 것이다."

라고 말했다.

"이 시는 남인 놈의 가느다란 침이야. 너무 자질구레해서 보잘것이 없다."

박지원이 이언진의 시를 보고 혹평을 했다. 박지원의 말은 남인 이용휴의 보잘것없는 제자라는 뜻이었다.

"미친놈이 남의 기를 누르는구나."

이언진이 지인으로부터 박지원이 혹평했다는 말을 듣고 화를 냈다. 박지원은 당대에 이미 문명을 떨치고 있었기 때문에 그로부

조선통신사들이 환대를 받으며 일본의 수도 에도[江戸]로 들어가는 장면을 채색으로 치밀하게 그렸다. 일본 근세 화단의 이름 난 화가 가노 에케신의 작품이다.

터 혹평을 받은 이언진은 불쾌하였다. 붓을 잡아도 시를 쓸 수가 없고 글을 읽어도 눈에 들어오지 않았다.

"내 어찌 이런 세상에 살아갈 수 있겠는가?"

이언진이 비탄에 잠기면서 말했다. 그는 얼마 지나지 않아 자신

이 쓴 시를 모두 태웠다. 그의 아내 유씨가 깜짝 놀라서 말리는 바람에 시 몇 수가 남아서 전해지고 있을 뿐이다. 박지원은 훗날 이언진의 일대기를 「우상전虞裳傳」으로 남기면서 한 번도 만나지 못했다는 사실을 아쉬워했다. 우상은 이언진의 자였다. 이언진의 시를 보고 혹평한 것도 그를 깎아내리기 위한 것이 아니라 지나치게 날카로운 시어를 부드럽게 하라는 뜻이라고 말했다.

…우상이 죽으니 그의 나이 스물일곱 살이었다. 그의 집안 사람이 꿈속에서, 신선이 술에 취하여 푸른 고래를 타고 가고 그 아래로 검은 구름이 드리웠는데 우상이 머리를 풀어헤치고 그 뒤를 따라가는 것을 보았다고 한다. 얼마 후에 우상이 죽으니, 사람들 가운데는 "우상이 신선이 되어 떠나갔다"고들 말하기도 하였다. 아! 나는 일찍이 그 재주를 남달리 아꼈다. 그럼에도 유독 그의 기를 억누른 것은, 우상이 아직 나이 젊으니 머리를 숙이고 도道로 나아간다면, 글을 저술하여 세상에 남길 만하다고 여겼기 때문이다. 그런데 지금 와 생각하니 우상은 필시 나를 좋아할 만한 사람이 못 된다고 여겼을 것이다.

연암 박지원은 그의 죽음을 진심으로 안타까워했다. 이언진이 불과 27세에 요절하자 많은 사람들이 만가輓歌를 지어 애도했다.

이유 없이 천금을 얻으면
그 집에는 필시 재앙이 따르듯
이처럼 세상에 드문 보배를
어찌 오래도록 빌릴 수 있으랴

천재 역관 이언진은 요절했으나 당대의 쟁쟁한 문인들이 그의 문학적 재능을 인정했다.

방의 남

대궐의 기와를 황금빛으로 바꾸라

청와대는 왜 청와대로 불렸는가. 청와대의 내력에 대해서 아는 사람은 많지 않다. 청와대는 처음에 경무대로 불렸으나 4.19학생혁명으로 이승만 정권이 무너지고 민주당 정권이 들어서자 청와대로 이름을 바꿔 부르기 시작했다. 이것이 일반적으로 우리가 알고 있는 청와대라는 이름의 내력이다. 그러나 기실은 대통령이 거처하는 청와대의 연원은 좀 더 오래된 역사적 사실에 근거하고 있다. 임금이 살고 있는 곳, 대궐에 청와, 푸른 기와를 사용한 우리의 역사가 있기 때문이다.

태조 이성계가 조선을 건국한 뒤에 도읍을 한양으로 천도하기로 결정하면서 한양에 대대적인 도성 신축공사가 시작되었다. 경복궁에 근정전, 경회루를 비롯하여 수많은 전각이 속속 신축되고 6조 거리가 형성되기 시작했다. 이 과정에서 임금이 국가적인 의전을 실시하는 근정전과 외국 사신을 맞이하거나 국가적인 경축행사가 벌어질 때 연회장으로 사용하는 경회루의 기와가 푸른색으로 결정되었다. 근정전과 경회루의 기와를 푸른색으로 결정한 것은 명나라에 사대事大를 하기 위해서였다.

명나라의 천자가 거처하는 황궁의 기와는 황금색이고 속국이나 번국들의 왕이 거처하는 대궐의 기와는 황금색을 사용하지 못하게 했다. 조선의 임금들은 명나라에 철저하게 사대를 했기 때문에 황금색을 사용하지 않고 푸른색을 사용했다. 푸른 기와를 굽는 사람을 청와장靑瓦匠, 붉은 기와를 굽는 사람을 황와장黃瓦匠이라고 부른다. 임금이 입는 옷조차도 황금색을 사용하지 않았다. 그러나 근정전이나 경회루가 임진왜란으로 불타자 이를 보축하면서 잿빛 기와를 사용했다. 임진왜란 후의 어지러운 국내 상황에서 푸른 기와를 구울 수 없었기 때문이었다. 임진왜란으로 국가가 관리하던 많은 와장들도 죽임을 당하거나 뿔뿔이 흩어져 기술도 유실되었다.

특히 청기와는 대궐의 내전에 쓰였다는 기록이 여러 곳에 있고 연산조 때에는 인정전과 선정전이, 광해조에는 영은문의 청기와가 파손되었다는 기록이 있다.

"경회루와 근정전의 지붕을 황와로 바꾸라."

광해군은 즉위하자 대궐의 기와를 청색과 황금색으로 바꾸려고 했다. 특히 근정전과 경회루의 기와를 황금색으로 바꾸는 것은 민족의 자존심이 걸린 문제였다. 광해군이 즉위했을 때 명나라는 쇠약해지고 만주에서 후금으로 불리는 청나라가 일어서고 있었다. 대신들은 명나라에 사대의 예를 다해야 한다고 주장했지만 광해군은 명과 청이 대립하고 있을 때 독립을 하려고 했다. 광해군의 이런 생각은 명청 간에 줄타기 외교를 하면서 선명하게 드러났다.

"임진년에 왜란이 일어났을 때 장인들이 모두 일본으로 끌려가 황와를 구울 장인이 없습니다."

영건도감營建都監에서 아뢰었다. 일본은 임진왜란을 일으켜 조선을 짓밟았고 도공陶工, 대목장大木匠, 와장을 비롯하여 많은 장인들을 일본으로 끌고 갔다.

"허면 청와나 황와를 구울 수 없다는 말이냐?"

"황와는 중국에서 생산되니 사신이 갈 때 따라가서 배워 와야 합니다."

광해군은 대궐의 기와를 황금색으로 바꾸려고 했지만 조선에는 황와를 굽는 와장이 없었다.

"와장을 중국에 보내서라도 배워 오라."

광해군은 와장을 중국에 보내 기술을 배워 오라는 영을 내렸다. 그러자 영건도감에서 굳이 와장을 중국에 보낼 것이 아니라 역관을 보내도 충분하다고 아뢰었다.

"도감의 황와장을 보내지 말도록 청한 초기草記에 대해 '방의남方義男에게 물어본 뒤 처리하라'고 전교하셨는데, 의남의 뜻을 물어보니 '와장을 데리고 간다 하더라도 황와를 구워 내는 곳은 멀리 남경南京에 있으니 형세상 학습하기가 어렵다. 방법을 알려고 한다면 단지 필설에 의지하기만 하면 될 뿐 장인과는 관계가 없을 듯하니 우선은 데리고 가지 말도록 하는 것이 좋겠다' 하였습니다. 감히 아룁니다."

"알았다. 그렇다면 장인을 보내지 말고 그로 하여금 자세히 배운 뒤 구워 내게 하라."

광해군이 윤허하자 역관 방의남方義男이 성절사聖節使, 명·청나라의 황제와 황후의 생일을 축하하기 위해 보내던 사절를 따라 명나라에 가게 되었다.

김홍도의 『단원풍속도첩』에 실린 〈기와 이기〉. 김홍도는 백성의 평범한 일상과 생업 장면을 따뜻한 시선으로 그렸다. 보물 527호.

방의남은 선조 때 이미 중국에 여러 차례 역관으로 다녀온 인물로 명나라와 무역을 하여 치부했다. 명나라에 여러 차례 다녀왔기 때문에 역관이지만 당상관의 지위에 있었다.

방의남은 성절사를 따라 명나라로 들어가서 남경에 있는 황와장을 찾아갔다.

황기와를 완성하는 기술은 기와를 굽는 점토에 어떻게 황금색을 입히느냐 하는 것이었다. 중국의 와공들은 조선에서 온 방의남에게 황기와를 굽는 기술을 가르쳐 주려고 하지 않았다.

황기와를 굽는 제와소는 연경에 있는 것이 아니라 중국의 내륙인 남경에 있었다. 방의남은 중국인으로 변장하고 남경의 제와소까지 찾아갔다. 그는 제와공으로 위장을 한 뒤에 채색의 비밀을 알아내어 조선으로 돌아왔다. 그러나 중국의 황기와 채색 기술은 조선과 흙이 달라서 요긴하게 사용할 수 없었다.

'우리 흙으로 기와를 만드는 것이니 우리 물감이 있어야 한다.'

방의남은 제와공들과 함께 점토에 잘 섞이고 오랫동안 변하지 않는 물감을 연구하기 시작했다. 그는 침식을 잊고 연구에 몰두했다. 단청 물감을 만드는 단청장도 만나서 상의하고 금박장인과도 상의했다. 그리하여 마침내 기와를 굽는 점토에 잘 섞이는 황금색 염료를 만들어 내는 데 성공했다.

방의남은 제와장을 동원하여 황기와를 굽기 시작했다. 그러나 방의남이 만든 황기와는 대궐의 지붕에 사용될 수 없었다. 인조반정으로 광해군이 축출당하자 조정은 천자의 대궐에만 사용하는 황기와를 대궐에 사용할 수 없다고 중지시켰던 것이다.

황기와는 폐지되었다. 광해조 이후 황기와에 대한 기록은 『조선왕조실록』에서 찾아볼 수 없다. 황기와 제조 기술은 방의남 이후 맥이 끊어졌고 대궐에도 사용되지 않았다. 대궐의 많은 지붕에는 여전히 청기와를 사용했다.

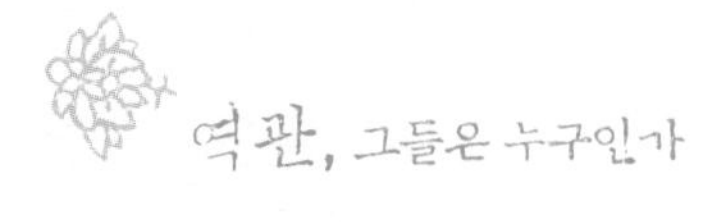

역관, 그들은 누구인가

역관은 통역하는 사람들로 조선시대에 중인들이 잡과로 불리는 역과를 보아서 활약했다. 의원들과 마찬가지로 대를 이어 역관으로 진출하는 가문이 많았고, 중국과의 무역을 통해 부를 축적했다. 조선시대 상당수의 거부나 거상들이 역관 출신이었는데 원칙적으로 무역이 금지된 상황에서 이들 역관은 특혜를 받은 것이나 다를 바 없었다. 조선시대 역관들은 한학, 몽학몽골어, 왜학, 여진학 역관으로 나누어 종사했다. 역관들은 조선에서 사신을 보낼 때나 맞이할 때나 통역을 맡았기 때문에 외교적으로 중요한 역할을 수행했고, 조선의 어떤 계층보다도 외국 문물을 받아들이는 데 빠른 글로벌 인재들이었다.

조선의 근대화 과정에서 역관 오경석이 개화파를 이끌었던 것은 주지의 사실이고, 개화파들은 이들을 통해 근대화에 눈을 뜰 수가 있었다.

역관들은 또한 무역을 통해 많은 부를 축적했다. 홍순언, 임상옥, 이덕유 등 조선의 거부로 불리는 인물들이 모두 역관 출신들이었다.

역관은 행정 능력이나 신지식, 경제력이 모두 일반 사대부들보다 월등하게 우수했으나 낮은 신분인 중인이었기 때문에 신분의 벽을 타파하는 근대화에 열중할 수 있었다.

역관은 또한 국가적인 위기를 맞이하면 목숨을 걸고 외교 활동을 벌였다. 임진왜란 때의 역관 홍순언은 조선의 운명이 풍전등화의 위기에 몰리자 명나라에 달려가 병부상서를 설득, 명나라 5만 대군이 조선으로 출병하여 일본군을 격파하는 데 결정적인 공을 세웠다.

사역원은 역관을 양성하는 기관으로 학생 수가 80명에 이르렀다. 이를 세분하면 한학에 35명, 몽학 10명, 왜학 15명, 여진학에 20명이 적을 두고 공부를 했다. 여진학은 청나라가 중국을 통일하면서 청학이 되었다.

역관은 중인 신분으로서 외교적인 행정 실무와 기술을 전담하고 이를 바탕으로 양반 못지않은 지식과 경제력을 가지고 있었다. 그러나 사대부가 아니었기 때문에 항상 사회적 차별 대우를 받아 왔다. 이들의 양반 사회에 대한 불만은 조선 후기에 신분 해방 운동으로 전개되었고 근대화의 과정과 독립운동에서도 선도적 역할을 수행했다.

제10화

부랑자

억압된 신분사회의 탈출구

조선은 철저한 신분사회였다. 유교의 지배 이데올로기를 받아들인 조선은 충, 효, 예를 통치 수단의 근간으로 삼았다. 신하는 임금에게 충성을 해야 하고, 자식은 부모에게 효도를 해야 하고, 여자는 남자에게 순종해야 했다. 장유유서長幼有序와 적서嫡庶를 뚜렷이 구별하여 신분의 수직 관계를 교조적으로 활용하고 사회를 사농공상과 천민이라는 신분으로 나누었다. 사대부에게는 여러 가지 혜택을 주고 천민은 생존권마저 위협받을 정도로 많은 제약을 가했다. 지배층에 소속되지 못한 천민들은 여러 가지 방법으로 착취를 당해 흉년이 들면 유리걸식하다가 부랑자나 도적이 되었다.

광문 조선의 거지왕

조선시대는 철저한 신분사회였으나 이러한 신분의 벽을 뚫고 공경대부에서 하찮은 거지들까지 벗으로 삼고 방랑자처럼 자유로운 삶을 산 사람이 있었다. 연암 박지원의 「광문자전廣文者傳」으로 그 행적이 잘 알려진 광문, 또는 달문이라는 이름의 인물이었다. 그는 어디에서 태어나고 어디에서 자랐는지 알 수도 없고 부친이 누구인지 모친이 누구인지조차 알 수 없었다. 그는 어릴 때부터 종루의 저잣거리에서 동냥하여 먹고살았는데, 거지 아이들이 광문을 추대하여 패거리의 우두머리로 삼았다.

북풍한설이 몰아치는 한겨울이었다. 하루는 날이 몹시 차고 함박눈이 펑펑 내렸다. 날씨가 몹시 추웠으나 거지 아이들은 동냥하지 않을 수 없었다. 거지 아이들은 바가지를 들고 동냥을 하러 가고 광문 혼자 거지들의 움막을 지키기 위해 남아 있는데 거지 아이 하나가 병이 들어 따라가지 못했다. 광문은 나뭇가지를 주워다가 불을 피워 거지 아이를 따뜻하게 해 주었다. 병든 거지 아이가 추위에 떨며 숨을 몰아쉬었다.

'이 아이는 굶주려 병이 들어 그냥 두면 죽겠구나.'

광문은 거지 아이를 위하여 불을 피우고 밖으로 나가 양반집의

삶이 피폐해진 백성은 동냥을 해 목숨을 연명하거나 부랑자로 전락하곤 했다. 조선 19세기 말 김준근이 그렸다. 프랑스 기메동양박물관 소장.

문을 두드려 밥을 얻어 왔다. 병든 아이에게 밥을 먹이려고 했으나 아이는 벌써 죽어 있었다.

"이놈이 사람을 죽였다. 우리 소굴에서 쫓아내자."

거지 아이들이 돌아와서는 아이가 죽은 것을 보고 흥분하여 광문에게 소리를 질렀다. 거지 아이들이 일제히 광문에게 달려들어 발로 차고 몽둥이로 때린 뒤에 쫓아냈다. 광문은 엉금엉금 기어서 마을의 헛간을 찾아갔다. 그때 개가 맹렬하게 짖어 주인이 달려나왔다.

"이놈! 네놈이 도둑질을 하러 왔구나. 젊은 놈이 무어 할 짓이 없어서 도둑질을 하는 것이냐?"

집주인이 광문을 꽁꽁 묶고 마구 발길질을 했다. 광문은 헛간에서 밤을 지내려다가 피투성이가 되도록 얻어맞았다.

"사람들이 날 죽이려고 해서 피해 온 것이지 감히 도적질을 하러 온 것이 아닙니다. 영감님이 믿지 못하신다면 내일 아침에 저자에 나가 알아보십시오."

광문이 집주인에게 하소연했다. 집주인은 매질을 고스란히 당하고도 저항을 하지 않다가 매질이 끝난 뒤에야 조용히 말을 하는 광문이 의아하여 몰골을 다시 살폈다. 광문은 옷차림이 남루했으나 눈에는 조금도 사악한 빛이 없었다.

"옷은 남루하지만 도둑은 아닌 것 같아요."

집주인의 아낙이 말했다. 집주인도 광문의 말이 몹시 순박했기 때문에 도적이 아니라고 생각하고 새벽녘에 풀어 주었다.

"저를 믿어 주시니 고맙습니다. 이 거적은 필요 없는 듯하니 소인에게 주십시오."

광문이 집주인에게 공손하게 청했다.

"거적을 무엇에 쓰려고 그러느냐?"

집주인이 고개를 갸우뚱하면서 광문에게 물었다.

"그저 쓸 곳이 있으니 주시면 고맙겠습니다."

집주인이 허락하자 광문은 새삼스럽게 인사를 하고 거적을 가지고 떠났다. 집주인이 광문의 행동을 이상히 여겨 뒤를 밟으니 광문이 거지들의 소굴 가까이 갔다. 집주인은 숨어서 거지 소굴을 살폈다. 그때 소굴이 왁자해지더니 거지 아이들이 시체 하나를 끌고 수표교에 와서 그 시체를 다리 밑으로 던졌다.

'저것이 웬 시체인가? 보아하니 어린아이의 시체 같구나.'

집주인이 계속 숨어서 지켜보자 거지들이 돌아간 뒤에 광문이 다리 밑으로 내려가 거적으로 그 시체를 싸서 가만히 짊어지고 서쪽 교외 공동묘지에 묻었다. 겨울이라 흙이 잘 파지지 않았으나 광문은 정성을 다하여 흙을 파고 작은 봉분을 만들었다. 그렇게 꼬박 한나절이 걸려 봉분이 만들어지자 울다가 중얼거리다가 했다.

"누구의 시체인데 봉분을 만들어 주었으며 그리 슬피 우는 것이냐?"

집주인이 비로소 광문에게 나아가 물었다.

"고아인데 굶주려 죽었습니다. 부모도 없고 형제도 없으니 내가 대신 울어 주는 것입니다."

광문은 고아가 죽고 거지들에게 매를 맞은 이유를 집주인에게 설명했다.

"네가 정녕 의인이로구나. 나를 따라오너라."

집주인은 광문의 이야기를 듣고 크게 감동했다. 그는 광문을 집으로 데리고 가서 의복을 주고 먹을 것을 주었다. 그리고는 광문을 약국을 경영하는 어느 부자에게 천거하여 고용인으로 삼게 했다. 광문은 성실했기 때문에 부자의 신임을 받았다. 광문은 약국에서 일하면서 어른이 되었다.

여러 해가 흐른 어느 날 그 부자가 대문을 나서다가 말고 뭔가 미심쩍은 듯이 자주 뒤를 돌아보았다. 광문은 부자의 행동이 기이하여 유심히 살폈다. 부자는 출타하려다가 다시 방문 앞으로 걸어가서 자물쇠가 걸렸나 안 걸렸나를 살펴본 다음 대문을 나섰으나 무엇인가 안심이 되지 않는지 자꾸 뒤를 돌아다보고는 했다.

'이상하구나. 주인 양반이 왜 저렇게 안절부절못하는 것일까?'

광문은 약국 주인의 이상한 행동을 이해할 수 없었다. 얼마 후 외출했다가 돌아온 약국 주인이 깜짝 놀라서 광문을 쳐다보았다. 약국 주인은 광문에게 무엇인가 할 말이 있는 듯했으나 억지로 참고 있는 것 같았다. 광문은 약국 주인이 자신을 수상쩍은 눈으로 살피자 괴로웠다. 약국 주인이 분명하게 무엇인가 의심하고 있었으나 내막을 알 수 없었다.

며칠이 지나자 약국 주인의 처조카가 부자를 찾아왔다.

"아저씨에게 드릴 말씀이 있습니다. 얼마 전 제가 급히 돈이 필요하여 아저씨께 빌리러 왔으나 마침 아저씨가 계시지 않아서 허락도 받지 않고 방에 들어가 가져갔는데, 아마도 아저씨는 모르셨을 것입니다."

처조카가 약국 주인에게 말했다.

"그럼 네가 돈을 가져갔다는 말이냐?"

약국 주인이 깜짝 놀라서 물었다. 처조카가 그렇다고 대답을 하면서 사죄를 하자 약국 주인이 탄식했다.

"나는 그런 줄도 모르고 광문을 의심했다."

약국 주인이 부끄러워하면서 말했다.

"나는 어리석은 소인이다. 장자長者, 신망이 두텁고 세상 경험이 많은 훌륭한 인물의 마음에 상처를 주었으니 내가 어떻게 얼굴을 볼 수 있겠는가?"

약국 주인은 광문에게 진심으로 사죄했다. 광문은 허허 웃으면서 마음에 담아 두지 말라고 약국 주인을 위로했다. 약국 주인은 장안에서 유명한 사람이었다. 그는 친하게 지내던 부자나 큰 장사치들에게 광문이 요즘 세상에 보기 드문 의인이라고 칭찬하고, 또 여러 종실의 빈객들과 공경 문하의 측근들에게도 자랑했다. 공경의 측근들과 종실의 빈객들이 모두 이야깃거리를 만들어 밤이 되면 자기 주인에게 들려주었다.

광문에 대한 이야기는 순식간에 장안에 파다하게 퍼졌다. 광문의 이야기에는 으레 중국의 협사들이나 의인들 이야기가 보태졌다. 장안의 사대부에서 기생들까지 광문이 의인이라는 말을 듣고 그를 존경하게 되었다. 아울러 광문을 약국 주인에게 천거한 집주인이나 약국 주인까지 의인을 알아보았다고 하여 장자라고 칭송했다.

광문은 한양 장안에서 일약 유명한 인물이 되었다. 광문의 이름은 날이 갈수록 유명해졌는데 그는 배운 것은 없으나 소탈했고, 얼굴은 못생겼으나 항상 웃으면서 살았다. 동가식서가숙東家食西家宿 하면서도 없는 체를 하지 않고 장안의 기녀들 뒷배를 보아 주기까지 했다. 어려운 사람이 있으면 항상 자신의 일처럼 도왔다.

이때 사채놀이 하는 자들이 대체로 금비녀, 옥비취, 의복, 가재도구와 가옥, 전장田庄, 노비 등의 문서를 저당잡고 나서 시세의 십분의 삼이나 십분의 오를 쳐서 돈을 빌려주고 있었다. 그러나 광문이 빚보증을 서 주는 경우에는 담보가 없어도 빌려 주었다.

광문은 장안에 명성이 쟁쟁했으나 모든 것이 보잘것없었다. 얼굴은 못생기고 말솜씨도 어눌하여 사람을 감동시키지 못했다. 입이 유난히 커서 두 주먹이 들락날락한다는 말이 파다했다. 다만 광문은 만석희曼碩戱를 잘하고 철괴무鐵拐舞를 잘 추어 사람들을 즐겁게 했다.

만석희는 황진이의 활동 무대인 개성 지방에서 음력 4월 8일, 석가탄신일에 연희되던 무언 인형극이다. 이 놀이는 개성의 명기 황진이의 미색에 빠져 파계했다는 지족선사知足禪師를 조롱하기 위하여 연희되었다는 속설과 지족선사가 불공 비용을 만석이나 받은 것을 비판하기 위하여 만들어졌다는 속설이 있다.

철괴무는 중국의 팔선 중의 하나인 이철괴의 모습을 흉내 내는 춤이다. 이철괴는 머리를 산발하고 얼굴에는 때가 자욱하고 배는 두꺼비처럼 튀어나오고 다리는 절뚝거리며 쇠로 만든 지팡이를 짚고 다녔다.

광문이 만석희와 철괴무를 잘 추었다는 것은 그가 연희패의 한 사람일 수도 있고 한량이라는 사실을 의미한다. 연희패는 가장 비천한 신분이다. 광문은 신분사회에서 어쩔 수 없이 거지 노릇을 하였고 한량으로 살았다. 그는 집을 갖고 부인을 거느리는 것보다 자유로운 삶을 추구했다.

광문은 나이 40이 넘어서도 장가를 가지 않고 총각처럼 머리를 땋고 다녔다. 사람들이 광문에게 장가를 들라고 권했다.

"내가 이렇게 못생겼는데 누가 나를 좋아하겠는가. 여자들도 예뻐야 남자들이 좋아한다. 나처럼 못생긴 사람은 용모를 꾸며도 여자들이 좋아하지 않는다."

광문은 사람들의 말에 이렇게 대답했다.

사람들이 장가를 가지 않아도 집은 있어야 하지 않느냐고 말했다.

"나는 사해가 내 집이다. 부모 형제도 없고 처자도 없는데 집이 있으면 무슨 소용인가? 나는 아무 곳에서나 잠을 잔다. 집이란 잠을 자는 곳이 아닌가? 나는 아침이면 큰 소리로 노래를 부르며 저자에 들어갔다가, 해가 지면 부귀한 집 문간에서 잠을 잔다. 한양에 집이 자그마치 팔만 호나 있다. 내가 날마다 다른 집에서 잔다고 해도 내 평생에 다 잘 수 없을 것이다."

광문은 집이 없어도 대범했다. 광문이 이토록 소탈하고 대범했으므로 많은 한량들이 즐겨 교분을 나누었다. 당시에 검계劍契, 조직폭력로 유명했던 표철주表鐵柱와 어사로 유명했던 영성군 박문수, 영의정까지 지낸 풍원군 조현명과 교분을 나누는 등 시중의 한량으로는 교제의 폭이 다양했다.

장안의 기생들이 아무리 곱고 아름다워도, 광문이 성원해 주지 않으면 소용이 없었다.

한 번은 이런 일도 있었다. 대궐의 우림아羽林兒, 대궐의 호위를 맡은 우림위의 갑사, 각 전殿의 별감, 부마도위駙馬都尉, 임금의 사위에게 준 칭호의 청지기들이 옷소매를 늘어뜨리고 기생 운심의 집을 찾아간 적이 있

〈기방쟁웅(妓房爭雄)〉. 김홍도가 그렸다. 기방을 드나드는 유객들의 표정이 잘 드러나 있다. 프랑스 기메동양 박물관 소장.

었다. 운심은 미모와 춤으로 장안에서 유명한 기생이었다. 장안의 한량들인 그들이 대청에서 술자리를 벌이고 거문고를 타면서 운심더러 춤을 추라고 재촉해도, 운심은 일부러 늦장을 부리며 춤을 추지 않았다.

그때 광문이 운심의 집에서 잔치가 벌어진다는 소문을 듣고 그 집에 가서 어슬렁거리다가, 대청에 올라가 상좌에 앉았다.

한량들이 일제히 웅성거렸다. 광문은 해진 옷을 입고 눈가는 짓무르고, 눈곱이 끼어 보기에 더러웠다. 그는 일부러 취한 척 트림을 하고, 헝클어진 머리로 북상투北髻를 튼 모습이었다. 한량들이 눈을 흘기고 손가락질을 하면서 광문을 쫓아내려고 했다. 광문이 앞으로 나아가 무릎을 치며 곡조에 맞춰 콧노래를 부르기 시작했다. 그러자 샐쭉해 있던 운심이 안으로 들어가 옷을 갈아입고 나와 광문을 위하여 한바탕 검무를 추었다. 한량들은 비로소 거지 모습의 추한 사내가 광문이라는 것을 알고 즐겁게 논 뒤에 벗을 맺고 헤어졌다.

광문은 호남과 영남의 여러 고을을 돌아다니면서 가는 곳마다 명성을 남겼다. 그러나 한양에는 수십 년 동안이나 보이지 않았다.

행적을 알 수 없는 거지 아이 하나가 개령에 있는 수다사水多寺에서 밥을 얻어먹으면서 지내고 있었다. 하루는 수다사의 중들이 광문이라는 의인을 이야기하는데, 모두 흠모하는 눈치였다. 이에 거지 아이가 꾀를 내어 눈물을 흘리자 사람들이 의아하게 생각하여 까닭을 물었다. 거지 아이는 중들의 눈치를 살피다가 자기 스스로 광문의 아들이라고 말했다. 수다사의 중들이 모두 매우 놀랐다. 그들이 거지 아이에게 밥을 줄 때는 바가지에다 주었는데, 광문의 아들이라는 말을 듣고서는 소반에 정성스럽게 차려서 대접했다.

이 무렵에 영남에는 몰래 역모를 꾀하려는 사기꾼이 있었다. 그는 거지 아이가 오로지 광문의 아들이라는 말 한마디에 융숭한 대우를 받는 것을 보고 거지 아이를 꾀었다.

"네가 나를 숙부라 부르면 부귀를 얻을 수 있을 것이다."

영남의 사기꾼은 자신을 광문의 아우라 칭하고 제 이름을 광손廣孫이라고 하여 광문의 돌림자를 딴 뒤에 무리를 모았다. 사기꾼이 스스로 광문의 동생 광손이라고 하면서 무리를 모아 저자에서 사람들의 돈을 빼앗고 재물을 갈취했다.

"광문은 한양에 있을 때 성도 모르고 평생을 부모 형제 없이 살았다. 장가를 들지 않아 처첩도 없이 홀로 살았는데, 어떻게 저런 나이 많은 아우와 장성한 아들이 있는가."

사람들이 사기꾼을 의아하게 생각하여 고변했다. 관청에서 이들을 모두 잡아들여 광문과 대질심문을 벌였다. 그러나 이들은 제각기 얼굴을 몰랐다. 이에 영남의 요사한 자를 베어 죽이고 거지 아이는 귀양 보냈다.

광문이 석방되자 늙은이며 젊은이 모두가 와서 구경하는 바람에 한양의 저잣거리가 며칠 동안 텅텅 비었다. 광문은 이 사건으로 더욱 유명해졌다.

하루는 광문이 한양에서 활개를 치던 검계 표철주를 만났다.

“너는 옛날에 사람 잘 때리던 표망동이 아니냐. 지금은 늙어서 너도 별수 없구나.”

광문은 옛날에 장안에 명성을 떨치던 표철주를 만나자 반가웠다.

“하하하! 왜 아니겠는가? 옥중에서 고생하지는 않았는가?”

표철주도 광문을 보고 파안대소했다.

“고생이랄 것이 있나? 영성군 박문수 대감과 풍원군 조현명 대감은 무고들 하신가?”

“모두 다 세상을 떠나셨다네.”

“김경방은 지금 무슨 벼슬을 하고 있지?”

“용호장龍虎將이 되었다네.”

“하하하! 그 녀석은 몸이 그렇게 뚱뚱해도 기생을 껴안고 담을 나는 듯이 뛰어넘었지. 돈 쓰기를 더러운 흙 버리듯 했는데 지금은 귀인이 되었으니 만나 볼 수가 없겠군. 분단이는 어디로 갔지?”

김경방은 뒷골목에서 광문, 표철주 등과 함께 부랑자로 명성을 떨쳤으나 군문에 들어가 대장이 된 것이다.

“벌써 죽었다네.”

“옛날에 풍원군이 밤에 기린각麒麟閣에서 잔치를 벌인 후 유독 분단이만 잡아 두고서 함께 잔 적이 있었지. 새벽에 일어나 대궐에 들어갈 채비를 하는데, 분단이가 촛불을 잡다가 그만 잘못하여 초모貂帽를 태워 버리는 바람에 어쩔 줄을 몰라 하였네. 풍원군이 웃으면서 ‘네가 부끄러운 모양이구나’ 하고는 곧바로 압수전壓羞錢 오천 냥을 주었었지. 나는 그때 분단이의 수파首帕와 부군副裙을 들고 난간 밑에서 기다리며 시커멓게 도깨비처럼 서 있었네. 풍원군이 창문을 열고 가래침을 뱉다가 분단이의 귀에 대고 말하기를, '저 시커먼 것이 무엇이냐?' 하니, 분단이가 대답하기를 '천하 사람이 다 아는 광문입니다' 했지. 풍원군이 웃으며 '바로 네 후배後陪, 하인냐?' 하고는, 나를 불러들여 큰 술잔에 술을 한 잔 부어 주고, 자신도 홍로주 일곱 잔을 따라 마시고 초헌을 타고 나갔지. 이 모두 다 예전 일이 되어 버렸네 그려. 요즈음 한양의 어린 기생으로는 누가 가장 유명한가?"

광문은 자신이 한창 잘나가던 시절을 아련하게 회상했다.

"작은아기라네."

"조방助房, 기둥서방은 누군가?"

"최박만이지."

"아침나절 상고당尙古堂에서 사람을 보내어 나에게 안부를 물어 왔네. 듣자니 집을 둥그재 아래로 옮기고 대청 앞에는 벽오동 나무를 심어 놓고 그 아래에서 손수 차를 달이며 철돌거문고의 명인 김철석을 시켜 거문고를 탄다고 하더군."

"철돌은 지금 그 형제가 다 유명하다네."

"그런가? 이는 김정칠의 아들일세. 나는 제 아비와 좋은 사이였거든."

광문이 누런 이를 드러내고 웃었다.

"이는 다 나 떠난 후의 일들이군."

광문은 머리털을 짧게 자르기는 하였지만 그래도 쥐꼬리처럼 땋아 내리고 있었으며, 이가 빠지고 입이 틀어져 이제는 주먹이 들락거리지 못한다고 했다.

"너도 이제는 늙었구나. 어떻게 해서 밥을 먹고사나?"

광문이 표철주에게 물었다.

"집이 가난하여 집주릅부동산 중개업자이 되었다네."

"너도 이제는 가난을 면했구나. 아아! 옛날 네 집 재산이 거만이었지. 그때에는 너를 '황금투구' 라고 불렀는데 그 투구 어따 두었노?"

"이제야 나는 세상 물정을 알았다네."

표철주가 탄식을 했다. 광문이 공허하게 웃었다.

"네 꼴이 마치 '기술을 배우고 나자 눈이 어두워진 격' 이로구나."

광문과 표철주는 웃으면서 헤어졌다.

그 뒤로 광문이 어디서 어떻게 죽었는지는 아무도 모른다고 한다. 이는 연암 박지원이 남긴 「광문자전傳」에 있는 이야기다. 표철주는 젊었을 때 영조의 호위무사를 한 뒤 무위도식하다가 검계가 되었고, 광문은 거지 왕으로 명성을 떨쳤다.

이영

한양을 주름잡은 검계

조선의 귀족인 사대부는 사회적으로도 높은 신분이고 집안에서도 장자의 위치에 있다. 본처 외에 양가의 첩을 거느리고 여종들은 자신의 소유물이나 다를 바 없어서 친압親押, 강제로 겁탈하고 비첩으로 거느린다. 본처에게서 낳은 아들은 적자, 양가나 상민의 첩에게서 낳은 아들은 서자, 기생이나 여종 첩에서 낳은 아들은 얼자의 신분이 된다. 서자나 얼자 모두 귀족 사회의 사대부가 될 수 없어서 과거를 보아도 기껏해야 무과이고 나머지는 잡과를 보게 된다. 과거를 보지 않게 되면 아전이나 별감 등으로 전락한다. 서자조차 귀족 사회로 진출하기 어려운 조선에서 얼자들은 아버지가 당당한 세도가라도 관직에 진출할 수 없었다. 많은 얼자들이 이에 불만을 품고 검계가 되었다.

이영李瀛은 얼자 출신으로 청파동에서 무뢰배들을 모아 검계로 활약하고 있었다. 그는 휘하에 많은 무뢰배를 거느리면서 기생집이나 다점茶店에 출현하여 재물을 갈취하고 기녀와 창녀들의 뒷배를 봐 주는 조방 노릇을 했다. 그는 많은 기녀들의 뒷배를 봐 주었는데, 하루는 그가 뒷배를 봐 주는 창녀 하나가 공조工曹에 숨었다.

"기녀는 어디에 있느냐? 썩 나오너라."

이영은 삿갓을 눌러쓰고 창포검菖蒲劍을 들고 공조로 달려가 소리를 질렀다. 공조는 조선시대 6조의 하나로 권세가 막강한 관아였다. 그러나 이영이 거느린 무뢰배까지 합세하여 소리를 지르자 공조가 쩌렁쩌렁 울렸다. 그러잖아도 살인을 밥 먹듯이 하여 눈빛이 사나운 이영이었다. 그의 위세가 워낙 사나웠기 때문에 공조를 지키던 나졸들이 공포에 질려 뿔뿔이 흩어져 달아났다.

"누가 와서 소란을 피우는 것이냐?"

공조에서 숙직하던 낭관郎官이 고함을 지르면서 달려나왔다.

"그대에게는 할 말이 없다. 내가 거느리는 기녀가 여기에 숨었다고 하니 속히 내놓아라."

이영이 낭관을 쏘아보면서 소리를 질렀다. 공조의 낭관은 이영을 보자 가슴이 섬뜩했다.

"여기가 어딘지 알고 시정의 잡배가 와서 큰소리를 치는가?"

"그렇다. 나는 시정의 잡배라 눈에 보이는 것이 없다. 기녀를 내놓지 않으면 돌아가지 않을 것이니 그리 알라."

이영은 칼을 들고 한 치도 물러서지 않았다. 낭관이 주위를 살피자 나졸들이 모조리 달아나서 공조의 넓은 마당에 이영의 무리밖에 보이지 않았다.

'여차하면 내가 놈들에게 당하겠구나.'

낭관은 상황이 좋지 않다고 판단하여 이영을 압박하지 못했다. 이영은 기녀를 찾는다고 한바탕 소란을 피운 뒤에 돌아갔다. 낭관은 식은땀이 흐르는 기분이었다.

이영과 같은 검계가 공조까지 침입하여 소란을 피울 수 있었던 것은 이들이 사회적으로 소외된 자들이었기 때문이다. 조정에 등용되지 못한 얼자, 겸인, 백정들이 서로 모여 계를 만들었다. 사람들은 그들의 조직을 살략계殺掠契라고 부르고, 홍동계鬨動契라고도 불렀다. 밤에 남산에 올라가 태평소를 불어서 군사들을 모으는 것 같이 하고, 중흥동에 모여 진법을 연습하는 것 같이도 하여 사람들이 놀라서 피난을 가면 그 기회를 노려 사람들의 재물을 탈취하고 인명을 살해했다. 이영은 청파동 근처에서 살주계殺主契를 조직했다. 목내선睦來善의 종도 이들 조직에 가담해 활약했다.

목내선은 인조 때 과거에 급제하고 숙종 때 형조판서와 대사헌, 그리고 좌의정을 역임한 인물이었다. 목내선은 자신의 종이 검계에 가담하여 활약하자 즉시 잡아 죽였다.

이영이 공조까지 침입하여 행패를 부리자 조정에서는 포도청에 지시하여 이들을 소탕하도록 했다. 좌우 포도청에서 일제히 검계 소탕작전을 벌여 7, 8명을 체포하고 그들의 책자를 압수했다.

양반을 살육할 것, 부녀자를 겁탈할 것, 재물을 약탈할 것.

책자에는 검계들의 행동강령 등이 적혀 있어서 사람들을 공포에 떨게 했다. 그들은 한결같이 창포검을 차고 있었다. 그러나 조정의 공권력과 싸워서 조직 폭력배가 승리할 수 없었다. 좌우 포도청이 대대적으로 소탕 작전을 벌이자 수많은 검계들이 체포되어 처벌을 받았다.

포도청의 우대장 신여철은 관대히 용서하는 경우가 많았고, 좌대장 이인하는 매우 엄하게 다스렸다. 특히 이인하는 검계들을 닥치는 대로 잡아들여 월족형을 가했다. 월족형은 아킬레스건을 끊어 힘을 쓰지 못하게 하는 벌이다. 검계들은 동료가 줄줄이 체포되어 처형을 당하거나 월족형을 당하자 피눈물을 흘렸다.

…만약 우리를 모두 죽이지 못하면 종말에는 너희 배에다 칼을 꽂고 말 것이다.

이영을 비롯한 검계들은 남대문 및 대신들의 집에 방문榜文을 걸고 복수를 맹세했다.

한양에서 대대적인 검계 소탕 작전이 벌어지자 이들은 경기도로 물러갔다. 일단은 발등의 불을 끄고 보자는 심산이었다. 광주廣州에 한 과부의 서얼 사촌이 있었는데, 검계의 일당이었다.

"장차 난리가 일어나면 우리도 양반을 아내로 삼을 수 있다."

교하交河의 깊은 산골에 촌사람이 많이 모였는데 검계 한 사람이 말했다.

"양반의 음문은 심히 좋다는데 이제 얻을 수 있게 되었다."

숙수熟手, 요리사 개천이란 자가 큰 소리로 호응했다. 그 마을의 양반이 듣고 개천을 잡아다가 50대의 볼기를 때렸다. 광주의 검계를 잡아 문초할 때 청탁의 편지가 연달아 날아 들어오고 과부가 날마다 포도청 앞에 와서 울부짖었다. 검계를 죽이자 과부 또한 목매어 죽었다.

조선의 부랑자, 그들은 누구인가

부랑자는 어느 시대, 어느 사회에서나 존재한다. 조선은 철저한 신분사회였기 때문에 가장 하층인 천민들은 언제나 핍박을 받고 살아야 했다. 이들은 상류층으로 진출하지 못해 부랑자의 길을 택하고 흉년이 들어 굶주리게 되자 걸인이 되었다. 이들 중에는 임꺽정이나 장길산처럼 사회의 변혁을 꿈꾸기도 하고 단순하게 자신의 욕망을 채우기 위해 무뢰배 노릇을 한 자들도 있었다.

검계들은 자신의 욕망을 해소하기 위해 살략계를 조직했다. 김여달 같은 자는 비접앓는 사람이 다른 곳으로 자리를 옮겨서 요양함을 가는 양반 부인 유감동을 기찰譏察, 범인을 체포하려고 수소문하고 염탐하며 행인을 검문하던 일한다고 속여서 강간하여 유감동이 조선 최대의 섹스 스캔들 주인공이 되는 계기를 만들었다.

이는 조선이 후기에 접어들면서 신분 해방의 욕구가 대중에게 폭넓게 확산되고 있다는 사실을 의미한다. 표철주와 광문이 활약하던 18세기에서 19세기에는 조선의 상류층이 아닌 중간 계층에서 여항문학閭巷文學이 꽃을 피우고 여류들의 예술 활동도 왕성해 바야흐로 근대에 접근하고 있는 시기였다. 지식인들이 실학을 하고 시인들의 시에서 리얼리즘 경향이 나타나기 시작했다. 상업도 활기를 띠어 갔다.

제11화

장인

혼을 사른 전문 직업인

조선은 수공업 사회였고 대부분 생활용품을 자급자족했다. 그러니 옹기, 유기, 기와, 목공 등 숙련된 기술을 요구하는 직업이 있었다. 이 직업에 종사하는 사람들을 장인이라고 불렀는데 국가에서 운영하는 공장에서 일하는 사람들과 사적인 공장 일을 하는 장인들이 있었다. 이들도 중인 이하의 신분이었기 때문에 언제나 천대를 받고 가난하게 살았다. 그러나 천대와 멸시 속에서도 조선의 장인들은 혼이 깃든 제품을 만들었다.

유군업

짚신 삼는 노인

조선은 대량 생산, 대량 소비의 사회가 아니었다. 생활용품을 만드는 수공업에 종사하는 장인은 오로지 자신의 노동력에 의지해서 살았기 때문에 가난할 수밖에 없었다.

음력 8월이면 한가위가 있어서 오곡이 익고 들판이 황금빛으로 출렁거린다. 모내기를 일찍 한 마을에서는 벼를 베어 추수하기도 한다. 조선시대 말엽, 경기도 강화군 하도에 사는 이건창李建昌은 한 노인의 부음을 듣고 착잡한 심경에 사로잡혔다.

이건창은 조선 말기의 강직한 문신이며 대문장가였다. 성품이 대쪽 같아서 관직에 있을 때는 비리나 부정한 일을 추호도 용납하지 않았고 안찰사로 파견되었을 때는 세도가 당당했던 관찰사의 비리를 파헤쳐 관직에서 축출하기도 했다.

"그대가 가서 잘못하면 이건창을 보낼 것이다."

고종은 지방관을 임명할 때 이처럼 말하기도 했다. 부정과 불의를 용납하지 않는 이건창을 누구보다도 잘 알고 있었기 때문이었다. 이건창은 47세에 요절했는데 고려와 조선의 9대 문장가로 선정되기도 했다. 그의 상소는 1백 년 이래 가장 깐깐한 상소라는 평가를 받았다.

강화도 사기리에 있는 이건창 생가. 생가 앞에 넓은 평야와 마을이 있어서 짚신 삼는 유군업 노인이 살았다.

'평생을 짚신만 삼다가 죽었구나.'

이건창은 죽은 노인의 초라한 일생을 생각하고 한숨을 내쉬었다. 유군업兪君業 노인은 이건창의 앞집에 살고 있는 윤여화尹汝化의 빈집에서 홀로 살고 있었다. 그가 어떻게 하여 강화에 들어와 살게 되었는지는 전혀 알지 못했다. 다만 중년 이후에 강화 하도까지 흘러들어 와서 짚신을 삼아 연명하고 있었다. 이름은 유군업이었다. 그가 윤여화의 집에서 객 노릇을 한 지 30년이 되었다. 도무지 말이 없고 순박한 노인이었으나 짚신 삼는 일만은 따를 자가 없었다.

"짚신을 어찌 이리 잘 삼았는가? 검불 하나 없네."

양명학파의 맥을 이은 명미당 이건창의 무덤. 생가 바로 옆에 잠들어 있다.

마을 노인들은 유군업 노인의 짚신 삼는 기술을 칭찬했다.

이건창이 살고 있는 사기리는 강화읍에서 30여 리 떨어져 있다. 짚신을 삼아야 팔 곳이 마땅치 않다. 그런데도 날마다 짚신 삼는 일만 했다. 유군업이 짚신을 삼으면 윤여화에게 주어, 윤여화가 강화읍에 가지고 나가서 팔아 쌀을 사 왔다. 그러나 시골 장이라고 해도 짚신 장수들이 많았다. 윤여화가 짚신을 팔지 못하면 굶는 날이 많았다.

"신 한 켤레 주시오."

때때로 마을 사람들이 와서 짚신을 사 가기도 했다.

"가져가시오."

유군업 노인은 질박한 목소리로 대꾸했다.

"내 오늘 돈을 안 가져 왔소."

"아무 때나 돈 생기면 주구려."

유군업은 마을 사람들이 돈을 가지고 오지 않아도 짚신을 주었다. 유군업은 짚신을 삼는 일 외에는 좀처럼 문밖출입을 하지 않았다. 그런 유군업이 나이 70이 되자 시난고난 앓다가 죽은 것이다.

'유군업이 죽었어도 그가 신은 신발은 세상을 돌아다니고 있구나.'

이건창은 유군업 노인의 쓸쓸한 죽음이 애석하여 시 한 수를 지었다.

五穀芃芃民所寶
斂精食實委枯槁
惟叟得之以終老
生也爲屨葬也藁

풍성한 오곡은 백성들의 보물이지만
알맹이는 거두고 짚은 버렸네
유씨 노인 이것으로 일생을 보냈으니
살아서는 신을 삼았고 죽어서는 거적에 싸여 갔네

이건창의 시는 유군업 노인의 일생을 함축하고 있다. 누구나 추수를 하여 쌀을 마련하는 것은 소중하게 생각하지만 타작을 하고

한여름 나무 아래에 짚신을 삼고, 물레를 돌리는 부부와 갓난아기가 정겹게 느껴진다. 〈수하일가도(樹下一家圖)〉로 김석신이 그렸다. 18세기 말~19세기 초, 호암미술관 소장.

난 짚은 쓸모가 없어 버린다. 유군업 노인은 쓸모없는 짚을 모아 일생 동안 신을 삼고 죽어서는 짚으로 만든 거적에 싸여 산에 묻혔다는 것이다.

한순계

방짜 유기 장인

유기鍮器, 놋그릇은 우리의 전통적인 그릇이다. 나라마다 부귀와 빈천에 따라 그릇을 달리 사용했는데 우리나라는 비교적 놋그릇과 사기그릇, 목기, 옹기 등 다양하게 음식물을 담는 그릇으로 사용했다. 드물게 은제나 금제 그릇을 사용하기도 했는데 이는 왕실이나 대부호가 아니면 사용할 수 없었다.

우리가 잊어버린 전통 중의 하나가 명절의 풍경이다. 제삿날이 돌아오면 여인네들은 샘가에 둘러앉아 퇴색하거나 녹이 슬어 있는 놋그릇을 반들반들 윤이 나게 닦곤 했다. 여인들이 잿빛 기와를 분가루처럼 곱게 찧어서 짚에 묻혀 닦으면 거짓말처럼 찬란하게 반짝거리는 황금빛 놋그릇을 보게 된다. 이제는 놋그릇을 가정에서 사용하지 않지만 불과 몇십년 전만 해도 많은 사람이 이를 사용했다.

얼마 전 텔레비전에서 놋그릇의 과학적인 효용에 대해 방송하여 사람들을 놀라게 한 일이 있었다.

놋그릇은 상당히 과학적인 제품이어서 독성이 있는 식품을 담으면 놋그릇의 색이 검게 변하고 살균작용까지 겸하여 식중독을 예방할 수 있다. 대장균으로 유명한 0-157균을 방짜方子 유기에 담아 두고 24시간이 지나자 거짓말처럼 박멸되었다. 또한 생체에 필요한 미네랄을 스스로 방출하여 방짜 유기에 물을 붓고 꽃을 꺾어 두면 다른 화병이나 용기에 꽃을 꽂아 두는 것보다 훨씬 선도가 오래 지속되어 시들지 않는다고 한다. 그뿐 아니라 음식을 담아 두면 오랫동안 식지 않으니 선조의 그릇 제작이 놀라울 정도로 과학적이라는 사실이 여실히 드러나는 것이다. 농약이 묻어 있는 채소를 방짜 유기에 담아 두고 24시간이 지나면 검은색으로 변색이 된다. 이러한 여러 가지 상황을 고려해 보았을 때 방짜 유기야말로 생명의 연금술이라고 할 수 있다.

유기는 주물 유기, 방짜 유기, 반방짜 유기 등으로 나뉜다.

주물 유기는 구리에 주석, 아연, 니켈 등을 합금하여 제작하는 것인데 도가니에 제련하여 기형器形에 부어서 식힌 다음 깎고 다듬어 손질한 뒤에 조립하거나 도금을 하여 완성한다. 기형에 쇳물을 넣어서 식히는 과정을 부질간 공정, 깎고 다듬는 과정을 가질간 공정, 조립하고 도금하는 과정을 장식간 공정으로 부른다.

주물 유기는 안성유기가 가장 유명하다. 안성맞춤이라는 말이 유래한 것도 안성의 유기 때문이다.

방짜 유기는 도가니에서 녹인 쇳물을 여러 명이 불에 달구고 망치로 두들겨서 만든다. 여러 사람이 서로 협동하여 불에 달구고 망치로 두들겨 가면서 만들기 때문에 오랜 시간과 공력이 필요하다. 대량 생산을 할 수는 없지만 명품을 생산할 수 있다.

방짜 유기는 북한의 납청 지역이 가장 유명하다.

반방짜 유기는 앞부분은 주물로 만들고 뒷부분은 망치로 두들

유기 제작 풍경. 조선은 각종 생활 용구들을 직접 제작했기 때문에 다양한 전문 직업군이 있었다. 조선 19세기 말 김준근이 그렸다. 프랑스 기메동양박물관 소장.

겨서 만든다. 전남 순천에서 주로 생산되었다.

스스로를 거리에 숨어 있는 사람이라는 뜻으로 호를 시은市隱으로 정한 한순계韓舜繼는 선조 때 교하에서 과의교위果毅校尉, 조선조 때 무관를 지낸 한만령의 아들로 태어났다. 조부 역시 효력부위效力副尉를 지낸 무반이었으나 어릴 때 부친이 일찍 죽어 홀어머니를 봉양하지 않으면 안 되었다. 어린 소년으로 마땅히 생계를 꾸려 갈 수 없었던 한순계는 집 근처에 있던 납청의 유기 공장을 찾아갔다. 그곳에서는 구리와 주석을 녹여서 바쁘게 유기를 만들어 내고 있었다. 사람들은 긴장했고 일거리가 많은 것 같았다. 한순계는 주인을 찾아 일을 하게 해 달라고 부탁했다. 유기 공장의 주인은 한순계에게 이것저것 말을 시키더니 때마침 일손이 부족한데 잘 왔다면서 일을 하게 해 주었다. 한순계는 집에 돌아와 공장에서 일하겠다고 어머니에게 말했다.

"그래도 우리가 무반의 집안인데 비천한 공장의 일을 할 수 있겠느냐?"

어머니가 탄식한 뒤에 한순계에게 물었다.

"어머니, 직업에는 비천한 것이 없습니다. 글을 하는 선비라고 반드시 훌륭하지 않고 공장에서 일을 하는 장인이라고 해서 반드시 비천하지 않습니다."

한순계는 어머니를 위로한 뒤에 유기 공장에 가서 일을 하기 시작했다. 처음에는 단순하게 심부름을 하는 일부터 시작했다. 구리와 주석을 나르는 일, 구리와 주석을 녹이는 일, 완성된 유기를 운반하는 일 같은 허드렛일이 우선 그가 해야 할 일이었다. 구리와 주석을 녹이는 장작을 패고 불을 때는 일도 그가 하는 일이었다.

'저놈이 집요한 데가 있구나.'

공장 주인이 한순계가 일을 하는 것을 보고 고개를 끄덕거렸다. 공장에서는 기술자들이 허드렛일을 하는 한순계를 못살게 굴기 일쑤였다. 그러나 기술자들이 아무리 괴롭혀도 한순계는 묵묵히 일만 했다.

한순계는 한눈팔지 않고 열심히 일을 했다. 유기 제조는 쇠를 다루는 일이었다. 한순계는 어른들 틈에서 심부름을 해 가면서 때로는 쇳조각으로 매를 맞으면서 일을 배웠다.

'그런데 왜 망치로 때려서 그릇을 만드는 거지?'

한순계는 방짜 유기 제조 과정을 이해할 수 없었다.

한순계는 한눈팔지 않고 열심히 일을 했다. 손에는 굳은살이 박히고 팔뚝에는 뜨거운 쇳물이 튀어 여기저기 상처가 생겼다. 그러나 그는 조금도 자신이 선택한 일을 후회하지 않았다. 그는 묵묵히 유기를 만드는 일에만 온 정성을 쏟았다.

'이 놋그릇은 참으로 아름답다. 어떻게 인간이 이렇게 아름다운 그릇을 만들 수 있는 거지?'

한순계는 최고의 놋그릇을 만들어야겠다고 생각하고 오로지 그 유기 제조에만 매달렸다. 그는 빠르게 유기를 만드는 기술을 습득하기 시작했다.

여러 해가 지났다.

한순계는 어른이 되었고 마침내 유기를 만드는 장인의 한 사람이 되었다. 그러나 그는 배운 것에만 만족하지 않고 더욱 아름답고 견고한 유기를 만드는 일에 열중했다.

한순계는 방짜 유기를 만드는 공정을 철저하게 배웠다. 도가니에 구리와 주석을 넣고 녹이는 불의 온도, 쇳물을 만든 뒤에 공같이 둥근 놋쇠덩어리를 만들어 불에 달구어 가면서 망치로 두들기는 제련 과정을 완벽하게 배웠다. 유기는 바둑, 네핌질, 우김질, 냄질, 협도질, 닥침질, 담금질, 벼름질, 가질의 단계를 거쳐 완성했다.

유기는 먼저 구리와 주석을 섞어 녹이는 용해과정으로 시작한다.

바둑은 용해된 쇳덩어리를 말한다.

네핌질은 바둑을 망치로 두들겨 쇠를 얇게 펴 가는 과정이다.

우김질은 판이 얇아지면 담금질을 하면서 망치질을 계속하여 그릇 모양으로 우묵하게 만드는 과정이다. 이때 열처리를 반복하면서 망치질을 해야 한다.

냄질은 그릇의 형태를 만들어 가는 것이다.

협도질은 원하는 그릇 모양에서 남는 부분을 잘라내어 재단하는 과정이다.

닥침질은 마지막으로 그릇 모양을 잡아가는 것이다.

담금질은 염분이 섞인 물에 열처리를 반복하는 과정이다.

벼름질은 담금질이 끝난 뒤에 미세한 망치질을 하여 단련하는 것이다.

가질은 거친 부분을 갈아내어 황금빛의 유기를 만들어 내는 과정이다.

한순계는 이러한 과정을 세밀하게 관찰하고 습득했다. 그러나 방짜 유기를 만드는 과정은 지나치게 많은 공정을 필요로 했다.

'방짜 유기는 오랫동안 망치로 단련을 해서 만들어진다. 왜 방짜 유기는 단련을 하는 것일까?'

한순계는 깊은 의혹에 사로잡혔다. 단련은 쇠를 두드려서 다듬는 것을 말한다. 구리와 주석을 적당량 불에 넣어서 기물에 넣어 제작하면 간단한 일인데 무엇 때문에 담금질을 하면서 단련을 하는지 이해할 수 없었다. 그는 밤이나 낮이나 방짜 유기에 대해서 깊은 연구를 했다. 그 결과 주석의 합금 비율이 1할이 넘으면 그릇이 깨진다는 것을 알 수 있었다. 그릇이 견고하고 찬란한 황금빛을 내기 위해서는 주석이 2할 2푼이 되어야 했다. 그러나 주석을 구리에 2할 2푼이나 섞으면 그릇이 깨지기 때문에 반복적인 열처리와 망치질로 단련을 하여 구리와 주석이 합쳐지도록 만드는 것임을 알 수 있었다.

'방짜 유기는 반복적인 열처리와 망치질로 황금빛을 내는 기술이다!'

한순계는 비로소 방짜 유기의 비밀을 이해할 수 있었다.

망치질도 상당한 기술을 필요로 했다. 구리와 주석을 용해한 최초의 쇳덩어리를 망치로 두들겨 얇게 펴 가는 네핌질 과정에서 망치질의 강약이 중요했다.

'나는 조선 최고의 유기를 만들 것이다.'

한순계는 망치질을 하면서 이를 악물었다. 사람들은 천한 일을 한다며 장인을 멸시했다. 그러나 그는 최고의 유기를 만들겠다고 다짐했다. 그는 조선에서 가장 아름다운 유기를 만들기 위해 하루도 거르지 않고 담금질을 했다. 담금질의 강약이 견고하고 아름다운 유기를 만드는 최고의 기술이었다.

'됐어. 이제야말로 조선 최고의 유기를 만들었어.'

한순계는 마침내 황금빛의 아름다운 유기를 만들고 기쁨에 넘쳐 소리를 질렀다. 황금빛의 영롱한 유기는 그의 땀과 집념으로 이루어낸 결정체였다. 천한 일을 한다고 한순계를 멸시하던 사람들이 그때서야 한순계의 유기를 보고 탄복했다.

한순계는 조선에서 가장 아름다운 유기를 만들어 거부가 되었다. 그러나 그는 더 이상 유기를 만들지 않고 평생 시를 지으면서 한가하게 지냈다.

한순계는 59세에 세상을 떠났는데 그의 문집으로 『시은집市隱集』이 전하고 있다. 그는 말년이 되자 율곡 이이, 화담 서경덕 등과도 교분을 나누는가 하면 시작에 몰두하여 많은 시들이 지금까지 전한다.

백 년밖에 살지 못하는 몸 빈 배를 타고,
남북으로 표연히 승경을 찾아 유람하네
5월에 산봉우리의 보름달이 휘영청 밝으니,
아름다운 나그네의 흥을 거두기가 어렵구나

금강산 유점사의 현판을 보고 시흥이 도도하여 지은 시다.

조선의 장인, 그들은 누구인가

장인은 기술자들이다. 우리의 일상생활에 쓰이는 물건들을 생산하고 제조한다. 얼마 전에 경복궁에 새로 복원한 건청궁을 감상한 일이 있었다. 고종황제와 명성황후가 살았고 마지막으로 시해되었던 옥호루가 훌륭하게 복원되어 있었다. 새삼스럽게 우리 장인들의 기술에 감탄했다. 그러나 조선시대 장인들에 대한 기록은 일천하다. 삼국시대의 아름다운 금관이 출토되어 선조들의 화려한 금세공 기술에 감탄을 하지만 누가 어떻게 만들었는지 전혀 알 수 없는 것은 비극적인 일이다.

근정전의 기와가 청색이었다는 것을 얼마나 많은 사람들이 알고 있는가. 나는 젊은 시절 10여 년 목공 일을 한 적이 있는데 다행히 목공으로서 이름깨나 알려져 있었다. 특히 한옥의 창호 부문에서 나름대로 발군의 실력을 갖고 있었다고 자부한다. 지금은 길상사라는 사찰이 된 성북동의 요정 대원각과 종로의 요정 오진암, 서울 인근에 있는 사찰의 창호와 서울의 전통 한옥 창호를 짜는 일에 참여했다. 당시에 신축되는 건물들은 대부분 양옥이었고 요정과 사찰만이 전통 한옥의 건축양식을 따랐다. 그러나 내가 전통 한옥의 창호를 짤 때는 장인이라는 개념도 없었고 그 일로 생활을 영위하는 일이 쉽지 않았다. 현대의 장인들 중에는 가업을 물려받은 사람들도 있지만 생활 때문에 목공장이나 석장과 같은 장인이 되는 일이 흔했다. 그리고 그것마저 여의치 않자 다시 새로운 직업을 찾게 되어 장인의 맥이 끊어지고는 했다.

나에게 목공 일을 가르치고, 나와 함께 전통 한옥을 짓던 그분들은 지금 모두 돌아가시고 그분들 대부분의 이름조차 기억할 수 없다. 그 당시에 가장 유명한 한옥 도편수는 이미 80세가 넘었던 이봉주라는 분이었다. 다른 분들은 미아리 이 목수, 천호동 변 목수, 화초담의 장인 장씨, 이장(이장 : 미장) 최씨, 단청 장인, 와장 유씨, 나에게 창호 기술을 가르친 창호 장인 박송래 씨 등이었다. 불과 30년 전의 일이 그러할진대 멀리 조선조에 살았던 장인들의 삶은 어떠하겠는가. 내가 창호 장인 출신이기 때문에 장인들에 대한 회고는 남다를 수밖에 없다. 그들은 우리네 삶을 풍요롭게 했다.

조선시대 장인들은 천민들이었다. 그들은 시대의 아웃사이더들이었으나 우리 생활에 필요한 제품을 만들어 우리의 삶을 풍요롭게 했다.